신토불이 우리 음식

《신토불이 우리 음식》은 초등학교 교과서의 이런 단원과 관련이 깊어요.

 2학년 1학기 국어
5. 무엇이 중요할까? 〈진흙으로 만든 그릇〉

 3학년 1학기 국어
2. 아는 것이 힘 〈옛날에는 어떤 과자를 먹었을까요?〉

 6학년 2학기 국어
2. 살며 배우며 (2) 여러 갈래의 길

 3학년 1학기 사회
3. 고장의 생활과 변화 (1) 의식주 생활의 변화

 3학년 2학기 사회
3. 다양한 삶의 모습 (3) 세계 여러 나라의 명절과 기념일

 5학년 1학기 사회
1. 우리나라의 자연 환경과 생활 (2) 자연 환경을 이용한 생활

 5학년 2학기 사회
3. 우리 겨레의 생활 문화 (1) 조상들의 멋과 슬기

 6학년 2학기 사회
3. 새로운 세계에서 우리가 할 일 (1) 세계 속의 대한민국

오십 빛깔 우리 것 우리 얘기 ❻

신토불이 우리 음식

우리누리 글 ● 최서영 그림

주니어 중앙

> 추천의 말

어린이가 꿈을 키우는 터전

꿈 많은 어린 시절엔 장대한 역사와 위대한 문화유산에 관한
책을 읽는 것이 좋다.
거기에는 어린이가 꿈을 키우는 터전이 있기 때문이다.
감수성 예민한 어린 시절엔 흥미로운 그림을 통하여
재미있게 이야기를 풀어간 책이 좋다.
그것은 시각적 인식을 통해 어린이의 상상력을 자극하기 때문이다.
『오십 빛깔 우리 것 우리 얘기』는 이런 필요조건을 갖춘
고급 어린이 교양도서라 할 만한 것이다.

유홍준
(전 문화재청장, 현 명지대 교수,
『나의 문화유산 답사기』 저자)

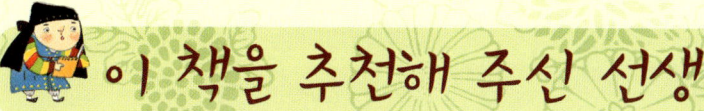

이 책을 추천해 주신 선생님들

● 전래놀이, 풍속과 관련된 수업에 활용하고 있습니다. 옛 풍속과 관련해서 요즘에는 잘 사용하지 않는 용어들이 있어서 아이들이 어려워하는데, 이 책에는 사진 자료와 함께 쉽고 정확하게 설명이 되어 있어 아이들이 이해하기 쉽게 되어 있습니다.
— 손영수 선생님(가사초등학교)

● 아이들이 우리의 전통문화를 쉽게 접할 수 있도록 도움을 주는 소중한 자료입니다. 우리 학교의 독서 퀴즈 대회에서 매년 사용하는 책이랍니다.
— 성주영 선생님(도당초등학교)

● 우리의 옛 풍습과 문화, 관혼상제 등에 대해 자세히 설명되어 있어 수업을 하기 전에 미리 읽어 오라고 하는 도서입니다.
— 전은경 선생님(용산초등학교)

● 우리의 문화와 역사를 초등학생들이 이해하기 쉽도록 재미있는 옛이야기로 풀어낸 점이 가장 마음에 듭니다. 초등 교과와 연계된 부분이 많아 학교 수업에 많이 활용하는 도서입니다.
— 한유자 선생님(삼일초등학교)

김임숙 선생님(팔달초)　　조윤미 선생님(화양초)　　이경혜 선생님(군포초)　　염효경 선생님(지동초)
오재민 선생님(조원초)　　박연희 선생님(우이초)　　박혜미 선생님(대평중)　　이진희 선생님(수일초)
최정희 선생님(온곡초)　　정경순 선생님(시흥초)　　박현숙 선생님(중흥초)　　김정남 선생님(외동초)
이광란 선생님(고리울초)　김명순 선생님(오목초)　　신지연 선생님(개포초)　　심선희 선생님(상원초)
문수진 선생님(덕산초)　　정지은 선생님(세검정초)　정선정 선생님(백봉초)　　김미란 선생님(둔전초)
김미정 선생님(청덕초)　　조정신 선생님(서신초)　　김경아 선생님(서림초)　　김란희 선생님(유덕초)
정상각 선생님(대선초)　　서흥희 선생님(수일중)　　윤란희 선생님(안산시근로자시민문화센터어린이도서관)

『오십 빛깔 우리 것 우리 얘기』를 펴내며
향기를 오롯이 담아낸 그릇

『오십 빛깔 우리 것 우리 얘기』 시리즈가 처음 출간된 지 어느덧 16년이 되었습니다. 그동안 수많은 어린이와 부모님, 그리고 선생님들의 사랑을 받으며 전 50권이 완간되었고, 어린이 옛이야기 분야의 고전(古典)이자 스테디셀러로 굳건히 자리매김해 왔습니다.

이 시리즈는 '소중히 지켜야 할 우리 것'에 대한 이야기를 어린이를 위해 '쉽고 재미있게' 풀어쓴 책입니다. 내용으로는 선조들의 생활과 풍습 이야기, 문화재와 발명품 이야기, 인물과 과학기술·예술작품 이야기, 팔도강산과 고유 동식물 이야기 등 우리나라 역사와 전통문화 모든 영역을 총망라하고 있습니다. 그리고 이를 50가지 주제로 엮어 저학년 어린이도 얼마든지 볼 수 있도록 맛깔나는 옛이야기로 담아냈습니다. 장대한 역사와 위대한 문화유산을 배우기에 옛이야기만큼 좋은 형식도 없기 때문입니다.

대한민국 국민으로서 알아야 하고 전해야 할 우리 것, 우리 얘기는 아주 많습니다. 그동안 이 시리즈를 통해 많은 어린이가 우리 것을 알게 되고, 우리 얘기를 사랑하게 되었을 것입니다. 시간이 흘러도 역사와 전통문화의 향기는 변하지 않기 때문입니다.

하지만 저희는 그 향기를 담아내는 그릇이 그간 색이 바래고 빛을 잃었다는 사실에 가슴이 아프고 안타까웠습니다. 그래서 책에서 전하는 우리 것의 향기를 오롯이 담아낼 수 있는 새로운 그릇을 찾고자 하였습니다. 그 그릇을 통해 향기가 더욱 그윽해지고 멀리까지 퍼져서 수백 년, 수천 년 전의 우리 것이 오늘날에도 살아 숨 쉴 수 있도록 생명력을 주고자 하였습니다.

이에 몇 가지 원칙을 가지고 『오십 빛깔 우리 것 우리 얘기』 시리즈를 새롭게 출간하게 되었습니다.

◎ 원작이 가지는 옛이야기의 맛과 멋을 그대로 살렸습니다.
◎ 요즘 독자들의 감각에 맞추어 디자인과 그림을 50권 전권 전면 개정하였습니다.
◎ 교과 학습의 길잡이가 될 수 있도록 연계 교과를 표시하였습니다.
◎ 학습정보 코너는 유익함과 재미를 함께 줄 수 있도록 4컷 만화, 생생 인터뷰, 묻고 답하기 등으로 내용을 재구성하였고, 최신 정보와 사진을 수록하였습니다.
◎ 도표, 연표, 역사신문, 체험학습 등으로 권말부록을 풍성하게 꾸며서 관련 교과 학습을 강화하였습니다.

이 책을 처음 읽었을 8살 꼬마 독자는 지금쯤 나라와 민족에 긍지를 가진 25살 자랑스러운 대한민국 청년이 되었을 것입니다. 그 청년이 부모가 되어서도 자녀에게 다시 권할 수 있는 그런 책이 되기를 바라며, 이 시리즈를 오십 빛깔 그릇에 정성껏 담아 내어놓습니다.

주니어중앙

글쓴이의 말

우리 음식의 맛자랑, 멋자랑

'밥이 보약'이란 말을 들어 보았나요? 이 말은 우리 몸에 밥보다 더 좋은 건 없다는 뜻이에요. 그런데 서양 사람들도 우리처럼 밥이 보약일까요? 만약 서양 사람들에게 우리가 먹는 밥을 날마다 주면 어떨까요?

아마 처음 며칠 동안은 먹을 수 있을 거예요. 하지만 며칠이 지나면 입맛이 떨어질 거예요. 우리가 서양 음식을 끼니마다 먹으면 질리는 것처럼 말이에요. 이렇게 입에 맞지 않는 음식은 결코 보약이 될 수 없답니다.

음식은 사람들이 사는 땅과 날씨에 따라 다르게 발전했어요. 벼가 많이 나는 곳에 사는 사람들은 주로 쌀을 먹고, 밀이 많이 나는 곳에 사는 사람들은 주로 빵을 먹었어요. 또 소나 양 같은 동물을 기르며 사는 사람들은 고기를 많이 먹었고, 농사를 주로 짓는 사람들은 곡식을 많이 먹었어요.

　이렇게 사람들은 자기들이 쉽게 얻을 수 있는 재료로 음식을 만들고 음식 문화를 발전시켜 왔어요. 그래서 한 나라의 음식을 보면 그 나라의 날씨가 어떤지, 또 그 나라 사람들이 어떻게 살았는지 짐작할 수 있지요.

　이 책은 오랜 옛날부터 우리 겨레가 먹어 온 음식에 관한 이야기예요. 우리 겨레가 김장을 하는 이유는 무엇일까, 불고기는 어떻게 그렇게 맛있는 음식이 되었을까 등에 대한 이야기지요. 그 밖에도 각각의 음식이 왜 만들어졌는지, 어떤 사람들이 먹었는지 자세히 쓰여 있어요.

　우리 음식 이야기를 읽다 보면 우리 조상들이 어떻게 살아 왔는지 더 잘 알 수 있어요. 또 우리가 날마다 먹는 음식도 예사롭게 보이지 않을 거예요.

어린이의 벗 우리누리

차례

- 김 영감 집 두 며느리 김치 이야기 12
  백두 낭자·한라 도령과 함께 떠나는 한식 여행 : 경기도 22

- 원나라에는 없는 별미 불고기 이야기 24
  백두 낭자·한라 도령과 함께 떠나는 한식 여행 : 강원도 34

- 남문 밖에서 얻은 음식 빈대떡 이야기 36
  백두 낭자·한라 도령과 함께 떠나는 한식 여행 : 충청도 46

- 탕탕평평하여라 궁중 음식 이야기 48
  백두 낭자·한라 도령과 함께 떠나는 한식 여행 : 전라도 58

- 삼신할미에게 바쳤던 정과 한과와 음료 이야기 60
  백두 낭자·한라 도령과 함께 떠나는 한식 여행 : 경상도 70

덕수와 곱단이의 맹세 술 이야기 72
백두 낭자·한라 도령과 함께 떠나는 한식 여행 : 제주도 82

분례의 혼인 공부 장 이야기 84
백두 낭자·한라 도령과 함께 떠나는 한식 여행 : 평안도 94

아이의 목숨을 살리는 똥떡 떡 이야기 96
백두 낭자·한라 도령과 함께 떠나는 한식 여행 : 함경도 106

아홉 식구가 배불리 먹는 방법 국 이야기 108
백두 낭자·한라 도령과 함께 떠나는 한식 여행 : 황해도 118

나 혼자만 살 수 없다 밥 이야기 120
백두 낭자·한라 도령과 함께 떠나는 한식 여행 : 서울 130

부록 교과가 튼튼해지는 우리 것 우리 얘기 132
사계절 우리 음식 이야기

김영감 집 두 며느리 김치 이야기

가을이 다 가고 겨울로 접어드는 어느 날이었어요. 김 영감 집은 아침부터 시끌벅적했지요. 오늘은 김장을 하는 날이었거든요. 그래서 두 며느리가 김 영감 집으로 일을 거들러 왔어요.

"안녕하셨어요?"

먼저 작년 평안도에서 시집온 큰며느리가 김 영감 부부에게 인사를 했어요.

"저도 왔어요, 아버님."

큰며느리에 뒤질세라 결혼한 지 한 달도 채 안 된 작은며느리가 고개를 숙였어요. 작은며느리의 고향은 전라도였지요.

"그래, 어서들 오너라."

김 영감 부부는 흐뭇한 눈으로 두 며느리를 바라보았어요. 김장을 거들러 온 며느리들이 너무 기특했기 때문이지요.

김 영감의 아내와 두 며느리는 부지런히 소매를 걷어붙였어요. 어젯밤 소금물에 담가 둔 배추는 잘 절여져 있었어요. 두 며느리는 먼저 배추를 물에 깨끗이 씻기 시작했어요. 그런 다음 무를 채 썰었지요. 그 사이 김 영감의 아내가 고춧가루와 파, 마늘 등을 내왔어요. 그것을 보자 작은며느리가 나섰어요.

"어머니, 이리 주세요. 제가 버무릴게요."

큰며느리는 열심히 일하려는 작은며느리를 보고 흐뭇하게 웃으며 말했어요.

"아유, 동서가 일을 시원시원하게 하네. 그럼 나는 김치 양념을 다질게."

큰며느리가 마늘, 생강 등의 양념을 다지자, 작은며느리는 그것을 채 썬 무에 고춧가루와 섞어 골고루 버무렸어요.

작은며느리의 손놀림은 제법 야무졌지요.

그때 큰며느리가 커다란 주전자를 내밀었어요.

"이게 뭐예요, 형님?"

주전자를 받아 든 작은며느리가 궁금한 듯 물었어요.

"뭐긴, 고기 국물이지. 김장 김치에는 고기 국물이 들어가야 제맛이 나지."

큰며느리의 말에 작은며느리는 깜짝 놀랐어요.

"어머, 형님! 김장에 무슨 고기 국물을 넣어요? 김장엔 조기젓을 넣어야지요."

작은며느리는 이렇게 말하며 자기가 가지고 온 조기젓을 보여 주었어요. 그러자 큰며느리가 손으로 코를 싸쥐었어요.

"어머, 이렇게 비린내 나는 생선을 김장하는데 넣어?"

"비린내라뇨? 이걸 넣어야 김치가 제맛이 난다고요."

작은며느리는 고약한 냄새라도 난다는 듯 코를 싸쥔 큰며느리의 행동이 서운하기만 했어요. 큰며느리도 작은며느리가 마땅치 않았어요. 분명히 자기가 윗사람인데 꼬박꼬박 말 대답하는 것이 못마땅했던 것이지요.

두 며느리가 이렇게 옥신각신하고 있자 시어머니가 나섰어요.

"얘들아, 뭣 땜에 그러니?"

"어머님, 글쎄요……."

두 며느리는 고자질하는 어린아이들처럼 입을 열었어요. 그러자 잠자코 듣고 있던 시어머니가 웃으며 말했어요.

"얘들아, 너희 둘의 고향이 달라 김치에 들어가는 것도 다른 거란다. 내가 미리 일러두어야 할 것을……. 평안도 사람들은 우리 큰아기처럼 김장에 고기 국물을 넣지. 또 전라도 사람들은 우리 작은아기처럼 조기젓이나 밴댕이젓을 넣는단다. 하지만 얘들아, 여긴 함경도란다. 함경도에서는 김장에 명태를 넣지."

"뭐라고요, 어머니?"

시어머니의 말에 두 며느리는 서로 얼굴만 쳐다보았답니다.

김 영감 집 이야기를 잘 들어 보았나요? 이렇게 김장은 집안 여인네들이 모두 모여 담갔어요. 김장은 한 해의 중요한 집안 행사였으니까요.

우리나라는 겨울이 길어요. 옛날에는 겨울에 채소를 구하기 어려웠지요. 그래서 늦가을 즈음 김장을 해 겨울 동안 먹을 채소를 저장해 둔 거랍니다.

그런데 이 이야기처럼 김치에 넣는 재료는 지방마다 달라요. 함경도에서는 명태나 굴을 넣고, 평안도에서는 고기 국물을 넣어요. 또 전라도는 밴댕이젓이나 조기젓, 뱅어젓을 넣고, 경상도는 멸치젓을 많이 써요. 강원도에서는 오징어젓이나 창난젓을 주로 넣고요.

양념을 넣는 양도 달라요. 북쪽 지방은 고춧가루를 비롯한 양념을 적게 넣어 담백하게 만들어요. 평안도 지방에서는 고춧가루를 아예 넣지 않은 백김치나 동치미 같은 김치를 많이 담그지요. 하지만 남쪽에 사는 사람들은 양념을 듬뿍 넣어 김치를 맵고 짜게 담가요. 왜냐하면 우리나라 남쪽이 북쪽보다 훨씬 덥기 때문이에요. 더운 날씨에 오래 두고 먹으려면 음식에 간이 많이 들어가야

상하지 않거든요. 그래서 전라도나 경상도 김치가 함경도나 평안도 김치보다 맵고 짠 거예요.

젓갈이나 양념뿐만 아니라 김치를 만드는 재료 또한 지방에 따라 달라요. 김치는 보통 무나 배추로 담그지요. 하지만 경상도 사람들은 부추나 파로도 김치를 담가요. 충청도나 경기도에서는 오이로 만든 오이소박이를 많이 먹고요. 또 함경도 사람들은 콩나물

로도 김치를 담가 먹고, 황해도 사람들은 고수라는 풀로도 김치를 담근답니다.

　계절에 따라 주로 먹는 김치도 다르지요. 봄에는 나박김치나 햇배추김치를 많이 먹어요. 여름에는 오이지, 오이소박이, 열무김치를 많이 먹고요. 또 가을에는 배추 통김치, 깍두기를 해 먹고, 겨울이 올 때쯤이면 김장 김치를 담가 겨우내 먹지요.

　이렇게 우리나라의 김치는 종류가 다양해요. 옛날에 음식 솜씨가 좋은 부인은 서른여섯 가지 장을 만들고, 서른여섯 가지 김치를 담글 수 있었다고 해요.

우리 겨레가 김치를 담가 먹은 것은 아주 오래전부터예요. 하지만 옛날 김치는 지금과 많이 달랐어요. 무나 배추를 그저 물과 소금에 절이기만 해서 먹었거든요. 지금처럼 김치에 고춧가루를 넣기 시작한 것은 3백여 년 전부터예요. 임진왜란 때 일본에서 고춧가루가 들어온 뒤부터 지금처럼 음식에 고춧가루를 쓰게 된 것이지요.

우리 김치는 맛이 좋고, 영양이 풍부해 세계가 인정한 음식이 되었어요. 이제 김치는 비행기는 물론 우주선 안에서도 먹을 수 있어요. 또 올림픽이나 월드컵처럼 세계인이 모이는 행사에도 빠지지 않는 음식이 되었답니다.

백두 낭자·한라 도령과 함께 떠나는 한식 여행

화려함이 돋보이는 경기도 음식

경기도 지역을 대표하는 음식으로 개성 음식을 들 수 있어요. 오늘날 개성은 경기도에 속한 도시는 아니지만, 전통적인 지역 구분에 따라 개성 음식은 경기도 음식으로 구분해요. 개성은 고려의 서울이었지요. 그래서 음식이 매우 화려한 것이 특징이랍니다. 그럼 맛있는 개성 음식들을 만나 볼까요?

개성 보쌈김치는 우리나라 김치 가운데 가장 화려하고 손이 많이 가요. 보쌈 속 재료로는 낙지와 전복 같은 해산물, 배나 밤, 잣 같은 과실은 물론 표고나 석이 같은 버섯까지 들어가요. 이 재료들을 미나리, 갓, 파, 마늘, 생강과 함께 고춧가루와 조기 젓국으로 버무리지요. 그런 다음 통째로 절인 배춧잎을 펴서 그 위에 양념한 것을 놓고 오므려서 만들어요.

개성 편수도 유명해요. 편수는 바로 만두를 말해요. 우선 반죽한 밀가루를 얇게 밀어 고기, 두부, 김치, 숙주나물 등으로 만든 속을 넣어 네모나게 빚어요. 그리고 끓는 물에 삶아 초간장에 찍어 먹거나, 장국에 넣어 끓여 먹지요.

개성 사람들은 떡국도 다른 지방보다 특이하게 끓여 먹었어요. 새해가 되면 누에고치의 생김새를 본떠 만든 떡으로 떡국을 끓였지요. 이 떡국을 **조랭이 떡국**이라고 불러요.

개성 음식을 뺀 경기도 음식은 대체로 소박한데, 그 중 **연천 도토리묵**이 유명하지요. 도토리는 쌀 대신 밥으로 먹을 수 있는 구황 식물 가운데 하나예요. 도토리묵은 백성들 누구나 먹을 수 있는 음식이었지요.

흉년이 들어 쌀이 부족하면, 도토리묵으로 밥을 대신했어요.

원나라에 없는 별미

불고기 이야기

고려 시대 때의 일이에요. 고려의 임금들은 중국 원나라의 공주와 혼인을 해야 했어요. 원나라가 고려를 마음대로 하기 위해 억지 혼인을 시켰던 것이지요. 그래서 원나라 사람들은 고려 사람들을 얕잡아보았어요.

　　원나라에서 사신이 온 어느 날이었어요. 고려 신하들은 원나라 사신을 위해 잔치를 열었어요.

　　"고려처럼 조그만 나라에서 뭐 차릴 것이 있다고······."

　　원나라 사신은 이렇게 한껏 거드름을 피우며 잔칫상에 앉았어요. 그런데 잔칫상에 앉자마자 원나라 사신은 코를 벌름거렸어요.

　　"아니, 이게 무슨 냄새요?"

　　너무 맛있는 냄새가 코를 간질였기 때문이에요. 원나라 사신의

입안에는 벌써 침이 고였지요.

고려의 신하가 음식이 담긴 그릇 가운데 하나를 가리키자 원나라 사신은 침을 꿀꺽 삼켰어요.

"아니, 이건 고기가 아니오?"

원나라 사신은 이렇게 말하며 고기 한 점을 먹어 보았어요. 고기 맛을 본 원나라 사신은 먼저 먹은 것이 목구멍 속으로 채 넘어가기도 전에 다시 고기를 입속에 넣었지요.

고기 접시는 금세 바닥을 드러냈어요.

"실례지만, 더 없소?"

원나라 사신의 말에 고려 신하들은 웃음을 감추지 못했어요. 조금 전까지만 해도 조그만 나라라고 고려를 무시하던 사신이 고기 한 접시에 말투까지 달라졌기 때문이지요.

고려 신하들이 다시 고기를 가져다주자 원나라 사신은 이번에도 마파람에 게 눈 감추듯 그릇을 비웠어요. 그 뒤에도 고기 접시를 다섯 개나 더 비우고서야 만족스러운 듯 배를 두드렸지요. 그러고는 정중하게 물었어요.

"아니, 이게 무슨 고기요?"

"쇠고기올시다."

쇠고기란 말에 원나라 사신은 고개를 갸우뚱했어요.

원나라에도 쇠고기는 있었어요. 하지만 자기 나라에서 만든 쇠고기 요리는 이렇게 맛있지 않았거든요.

"아니, 도대체 어떻게 요리했기에 이렇게 맛이 좋단 말이오?"

원나라 사신의 말에 고려 신하가 대답했어요.

"쇠고기의 연한 부분을 얇게 저며 간장과 파, 마늘 등을 넣고 재어 놓았다가 숯불에 잠깐 굽습니다. 그리고 찬물에 식히지요. 그렇게 다섯 번을 구워서 만든 것이올시다."

고려 신하의 말에 원나라 사신은 고개를 끄떡였어요. 그리고 요리법을 머릿속에 기억하려는 듯 고려 신하의 말을 몇 번이고 되뇌었지요.

그러자 고려 신하가 입가에 웃음을 띠며 말했어요.

"아니, 그렇게 큰 나라에 이만한 음식이 없다는 말입니까?"

고려 신하의 말에 원나라 사신의 얼굴은 벌게지고 말았답니다.

원나라 사신이 홀딱 빠진 이 음식이 바로 불고기예요. 고려 불고기는 이렇게 원나라 사신이나 귀족들을 통해 중국에 알려졌어요.

　중국 사람들은 이 고려 불고기를 흉내 내어 중국 불고기를 개발했고, 이름을 '고려육'이라고 붙였지요. 이 음식은 지금도 중국 남경의 대표 요리라고 해요.

　고구려 사람들도 쇠고기를 양념장에 재어 구워 먹었어요. 이때도 중국 사람들은 '맥적'이라고 부르며 그 맛이 일품이라고 칭찬했어요. 맥적이란 '고구려 고기'라는 뜻이에요. 옛날 고구려 사람을 '맥족'이라고도 불렀거든요.

　이렇게 고구려 시대부터 먹던 고기 요리를 조선 시대에는 '너비아니'라고 불렀어요. 그러다 지금처럼 '불고기'라는 이름으로 바뀌게 된 것이지요.

　불고기는 우리나라를 대표하는 음식 가운데 으뜸이에요. 외국 사람들도 우리나라에 왔을 때 불고기를 가장 먼저 찾지요. 예나 지금이나 불고기는 외국 사람도 반할 만큼 맛이 좋기 때문이에요.

하지만 옛날 사람들은 불고기를 마음 놓고 먹을 수 없었어요. 왜냐고요? 앞으로 펼쳐지는 민 대감네 이야기를 들어 보면 그 까닭을 알게 될 거예요.

민 대감에게는 걱정이 하나 있었어요.

'어쩌지? 소를 잡아야 하나 말아야 하나?'

얼마 전, 임금님은 소를 잡아먹는 사람은 곤장으로 다스리겠다고 했어요. 소는 열 사람이 할 일을 혼자서 너끈히 해낼 만큼 농사짓는 데 없어서는 안 될 가축이지요. 하지만 소가 언제나 모자랐기 때문에 임금님이 이런 명령을 내렸던 것이지요.

그런데 민 대감 아버지의 생신이 곧 돌아오고 있었어요. 사람들은 예부터 부모님의 생신상에 쇠고기를 올렸지요. 그러지 않으면 자식 된 도리를 다하지 못하는 것으로 생각했어요.

'아, 어떻게 해야 할지 모르겠군. 효도를 하자니 나라의 법을 어기게 되고, 나라의 법을 따르자니 자식 된 도리를 제대로 못하는 것이 되고……'

민 대감은 선뜻 마음을 정할 수 없었어요. 민 대감은 누구보다도 나라의 법을 잘 지켜 온 사람이었지요. 또 누구보다도 부모님에게

효성을 다하는 사람이기도 했어요.

한참 궁리한 끝에 민 대감은 마침내 마음을 정했어요.

'그래, 역시 그 방법밖에 없어.'

민 대감은 소를 잡아 아버지의 잔칫상을 차렸어요. 잔치에 온 사람들은 나라 법을 잘 지키는 민 대감도 법을 어길 때가 있다고 수군거렸지요.

그러나 그 다음 날 민 대감은 관가로 갔어요. 그리고 자신이 소를 잡았다고 밝히고 곤장을 맞았대요.

어때요? 옛날에는 쇠고기를 먹는 데 참으로 많은 걱정이 따랐겠지요? 이는 우리 겨레가 예부터 농사를 중요하게 생각했기 때문이에요. 소는 고기를 얻는 가축이라기보다는 농사에 이용하는 도구라고 생각했지요. 이렇게 중요한 소를 잡아먹는다는 것은 보통 백성에겐 상상도 할 수 없는 일이었어요.

잔치 때 소를 잡아 불고기를 해 먹을 수 있는 사람은 큰 부자나 민 대감 같은 양반들이었어요. 일반 백성이 쇠고기를 구경하기란 참으로 어려운 일이었지요. 그렇기 때문에 불고기는 옛날엔 주로 양반들만 먹을 수 있는 음식이었어요.

그런데 여러분, 만약 우리 조상들이 쇠고기를 쉽게 얻을 수 있었다면 이렇게 맛있는 불고기가 개발될 수 있었을까요? 양반이건, 일반 백성이건 할 것 없이 누구나 먹을 수 있는 음식이었다면 말이에요.

그것은 여러분의 상상에 맡겨도 되겠지요?

백두 낭자·한라 도령과 함께 떠나는 한식 여행

감자의 천국 강원도 음식

강원도에서는 감자와 오징어가 많이 나요. 그래서 이 두 재료를 이용한 음식이 많답니다. 그리고 춘천 닭갈비 역시 강원도의 대표 음식이란 사실, 알고 있었나요?

감자는 강원도처럼 서늘한 기후에서 잘 자라요. 그래서 강원도의 대표적인 음식 재료가 되었지요. 감자를 이용한 음식으로는 감자송편과 감자전이 있어요.

감자송편은 감자를 곱게 갈아 반죽해 빚은 송편이에요. 감자송편 속엔 강낭콩을 소로 넣지요.

감자전은 강판에 간 감자에 파와 부추, 고추 등을 섞어 부친 부침개예요. 지금도 강원도 곳곳엔 감자전을 파는 집이 많답니다.

강원도에는 감자송편, 감자전 말고도 감자밥, 감자수제비, 감자경단, 감자시루떡 등 감자로 만든 음식이 정말 많답니다.

오징어로는 순대를 만들었어요. **오징어 순대**는 오징어 다리 삶은 것과 두부, 숙주나물 등을 오징어 몸통에 넣어 찐 음식이에요. 또 오징어에 칼집을 낸 다음 양념장을 고루 묻혀 구워 먹는 **오징어 불고기**도 유명해요.

춘천 막국수는 메밀가루를 반죽해서 만들어요. 메밀가루로 만든 국수에 고춧가루, 파, 마늘로 양념한 양념장 그리고 돼지고기를 눌러 만든 편육을 곁들여 먹지요.

춘천 막국수는 시원하게 먹어야 제맛이에요!

춘천 닭갈비는 닭을 잘게 잘라 양념을 해서 철판에 구워 먹는 음식이에요. 우리나라 어디를 가도 춘천 닭갈비라고 쓰여 있는 간판을 쉽게 볼 수 있어요. 그 정도로 닭갈비는 우리나라 사람들이 즐겨먹는 강원도 음식이지요.

남문 밖에서 얻은 음식
빈대떡 이야기

"누나, 배고파."

득이가 덕이에게 조르듯 말했어요.

"조금만 참아!"

덕이가 짜증 섞인 목소리로 대답하자 득이의 눈에 금세 눈물이 고였어요.

열 살 난 덕이와 여덟 살 난 득이는 부모님을 잃은 고아였어요. 두 아이를 거둬 줄 친척조차 아무도 없었지요. 그래서 이리저리 동냥하며 살았는데, 남문 밖에 가면 먹을 것이 생길 거라는 말을 듣고 그리로 가는 중이었어요.

"득아, 조금만 참자."

덕이는 미안한 듯 득이의 머리를 쓰다듬어 주었어요. 득이는 말 없이 고개만 끄떡였어요.

덕이와 득이가 남문 밖에 닿은 것은 그날 저녁 무렵이었어요.

"누나, 이젠 먹을 게 생겨?"

득이가 덕이를 올려다보며 물었어요. 그러나 덕이는 대답 대신 주위만 둘러보았어요.

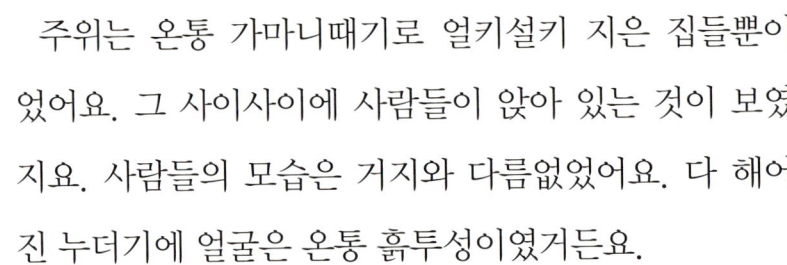

　주위는 온통 가마니때기로 얼키설키 지은 집들뿐이었어요. 그 사이사이에 사람들이 앉아 있는 것이 보였지요. 사람들의 모습은 거지와 다름없었어요. 다 해어진 누더기에 얼굴은 온통 흙투성이였거든요.
　득이가 다시 덕이의 손을 잡고 흔들었어요.
　"누나, 빨리 먹을 거 줘."
　득이가 또 조르기 시작했지만, 덕이는 어떻게 해야 할지를 몰랐어요. 이런 곳에서 어떻게 먹을 것을 구할 수 있을지 도무지 알 수가 없었어요.
　"누나아……."

득이가 다시 덕이를 조를 때였어요. 갑자기 사람들이 벌떡 일어나더니 남문 쪽으로 뛰어가기 시작했어요. 조금 전까지도 병든 닭처럼 앉아 있던 사람들이 어디서 힘을 얻었는지 모를 일이었어요.

덕이와 득이도 사람들에게 떠밀려 남문 가까이 갔어요. 덕이는 득이의 손을 꼭 잡았지요.

남문 앞에는 커다란 수레가 있었어요. 사람들은 그 수레를 삥 둘러싸고 소리쳤어요.

"빨리 좀 주시오."

"배가 고파 죽겠소."

사람들이 소리치자 수레를 끌고 온 청년이 무언가를 던지기 시작했어요.

"자, 받으시오. 원 대감 집 적선이오."

수레 주위에 있던 사람들은 저마다 손을 높이 들고 청년이 던지는 것을 받았어요.

덕이와 득이도 사람들에게 이리 밀리고 저리 밀리며 청년이 던지는 것을 겨우겨우 받았어요. 그것은 먹을 것이었어요. 둥글넓적한 것이 아주 먹음직스러웠지요.

"야! 누나, 맛있겠다."

득이는 눈을 반짝였어요. 덕이의 얼굴에도 웃음이 피어났지요.

덕이와 득이가 받아 든 음식이 무엇인지 아나요? 바로 빈대떡이에요. 빈대떡은 이렇게 옛날 양반들이 가난한 사람들에게 나누어 주었던 음식 가운데 하나예요.

빈대떡은 원래 고기를 구울 때 그 기름을 받치던 밀가루 반죽에서 비롯되었다고 해요. 어느 날 고기를 굽던 아낙네들이 기름이 빠지도록 받쳤던 밀가루를 먹어 보았더니, 그 맛이 기가 막히게 좋았대요. 그래서 밀가루를 묽게 반죽해서 지져 먹기 시작한 것이 지금의 빈대떡이 되었지요.

빈대떡은 빈자떡이라고도 불렀어요. '빈자떡'이란 가난한 사람들의 떡이란 뜻이지요. 이 이름을 봐도 빈대떡을 가난한 사람들이 많이 먹었다는 것을 잘 알 수 있을 거예요.

빈대떡은 밀가루에 여러 가지 야채나 해물 등을 넣어 맛있게 만들기도 했어요. 부추를 넣어 부추전을 만들기도 하고, 파를 넣어

파전을 지지기도 했지요. 또 오징어나 홍합 같은 해산물을 넣어 해물전을 부치기도 했어요. 또 밀가루 대신 녹두를 갈아 녹두 빈대떡을 만들기도 했고요.

그리고 화전을 지져 먹기도 했어요. '화전'이란 꽃을 넣어 부친 빈대떡을 말해요. 옛날 사람들은 산과 들로 놀러 나가 화전을 지져 먹곤 했어요. 이것을 '화전놀이'라고 하지요. 화전놀이는 특히 아낙네들이 즐겼어요. 왜냐고요? 이 이야기를 들으면 그 까닭을 알게 될 거예요.

애호박전
굴전
해물전
파전

빨래터에는 아낙네들의 방망이 소리가 흥겨웠어요.

"아니, 개똥이 엄마. 뭐 화나는 일이라도 있어? 무슨 방망이질을 그렇게 힘껏 해 대."

개똥 엄마의 방망이질 소리에 돌쇠 엄마가 걱정스러운 얼굴로 물었어요. 개똥 엄마의 방망이질은 꼭 화풀이라도 하는 것 같았거든요. 돌쇠 엄마는 곧 그 이유를 짐작할 수 있었어요. 개똥 엄마는 시집살이를 하고 있었는데, 개똥 할머니는 보통 깐깐한 게 아니었어요. 빨래가 깨끗하지 않다, 음식이 맵고 짜다 등등 사사건건 걸고넘어졌어요.

그것을 잘 아는 마을 아낙네들은 개똥 엄마를 안타깝게 쳐다보았어요. 어느새 개똥 엄마의 눈에는 눈물이 글썽이고 있었어요.

그러자 돌쇠 엄마가 목소리에 힘을 주어 말했어요.

"시집살이가 다 그런 거지 뭐. 옛말에도 있잖아. 시집살이는 귀머거리 삼 년, 벙어리 삼 년, 장님 삼 년이라고. 그러니 개똥 엄마, 힘들어도 조금만 더 참아."

김치전

　다른 아낙네들도 개똥 엄마를 위로해 주었어요. 그때 삼득 엄마가 말했어요.
　"우리 산으로 가서 화전이나 지져 먹으며 놀자고!"
　다음 날 마을의 아낙네들은 앞산으로 화전놀이를 갔어요. 우선 진달래꽃잎을 따서 맑은 개울물에 깨끗이 씻었어요. 그리고 가지고 간 찹쌀가루를 묽게 반죽하고 진달래 잎을 넣었지요.
　불 위에 얹어 놓았던 솥뚜껑이 뜨겁게 달아오르자 아낙네들은 그 위에 반죽을 손바닥만 하게 떼어 올려놓았어요.
　어느새 화전이 노릇노릇 잘 익었어요.

"자, 개똥이 엄마. 이거 맛 좀 봐."
"형님들과 이렇게 화전놀이라도 하며 놀지 않으면 제가 무슨 낙으로 살겠어요?"
"그래그래, 가을에는 국화 꽃잎으로 화전을 지져 먹자고."
그날 마을의 아낙네들은 밤늦도록 이야기꽃을 피웠어요. 그러면서 가슴 속에 엉켜 있던 속상한 일들을 훌훌 털어 버렸지요.
이렇게 가난한 사람들과 아낙네들이 즐겨 먹던 빈대떡에는 우리 조상들의 애틋한 삶의 모습과 이웃을 위하는 따뜻한 마음이 담겨 있답니다.

백두 낭자·한라 도령과 함께 떠나는 한식 여행

임금님도 반한 충청도 음식

충청도 음식으로는 젓갈이 유명해요. 특히 간월도의 어리굴젓은 그 맛이 뛰어나서 옛날엔 임금님께 올리는 진상품 중 하나였지요. 과연 그 맛의 비밀은 무엇일까요?

간월도 어리굴젓은 서해에서 나는 신선한 생굴을 재료로 써요. 만드는 방법은 먼저 생굴을 바닷물에 씻어 일주일 정도 발효를 시켜요. 그런 다음 무, 대추 등과 고춧가루, 콩, 마늘을 넣어 담그고 2~3일 더 삭힌 뒤에 먹지요.

간월도에서는 어리굴젓을 발효시킬 때, 소금을 보통 젓갈에 들어가는 양의 5분의 1 정도만 넣어요. 이것을 '얼간'이라고 하지요. 어리굴젓이란 이름도 이 얼간이라는 말에서 나온 것인데, 짜지 않게 간을 해서 담근 굴젓이라는 뜻이에요.

맛의 비밀은 바로 얼간에 있어요. 우리나라 어리굴젓의 90%가 간월도에서 나온답니다.

광천 새우젓도 유명하지요. 새우젓은 소금 대신 음식의 간을 맞추는데 많이 쓰여요. 특히 김장에서는 빠질 수 없는 양념인데, 새우젓 중에서 광천 새우젓을 으뜸으로 치지요.

광천에는 '독바위' 혹은 '독배'라고 불리는 옹암리라는 마을이 있어요. 여기서는 지하 토굴에 새우젓을 저장하는데, 이 토굴 안의 온도가 언제나 15~17도 정도로 일정해요. 그래서 은근하고 깊은 새우젓 맛을 낼 수 있다고 해요.

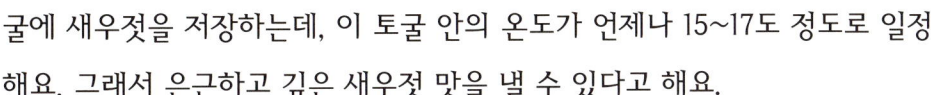

충청도 음식 가운데 **호박꿀단지**라는 것도 있어요. 호박꿀단지는 늙은 호박의 윗부분을 도려낸 다음, 꿀을 넣고 찐 거예요. 그러면 호박 안에 달짝지근하고 걸쭉한 국물이 생기지요. 호박꿀단지는 약으로도 쓰이는데 아이를 낳고 몸이 부은 산모들이 많이 먹는답니다.

호박은 붓기를 가라앉히는 작용을 한답니다.

탕탕평평하여라 궁중 음식 이야기

화창한 봄날, 임금님은 신하들을 불러 잔치를 열었어요. 잔칫상 위에는 맛난 음식으로 상다리가 휘어질 정도였지요.
　"이렇게 좋은 날 음악이 없으니 왠지 싱겁고 허전하구나! 여봐라, 풍악을 울려라!"
　곧 악사들이 음악을 연주하기 시작했어요. 선녀처럼 고운 옷을 입은 아름다운 여인들이 춤도 추었지요. 그러자 임금님 앞이라 어려워하던 신하들의 어깨가 조금씩 들썩이기 시작했어요.
　잔치 분위기가 한창 무르익자, 임금님이 말했어요.
　"내 오늘 경들을 위해 특별한 음식을 준비했소. 뭣들 하느냐? 어서 음식을 들이도록 해라."
　임금님의 말이 떨어지기가 무섭게 생전 처음 보는 음식이 신하들 앞에 나왔어요.

그 음식의 맨 아래에는 기름이라도 바른 듯 반질반질한 하얀 녹두묵이 있었어요. 묵 위엔 향기 좋은 미나리와 숙주나물, 그리고 달걀흰자와 노른자를 따로 부쳐 잘게 채 썬 것이 얹어져 있었지요. 또한 김과 깨소금도 뿌려져 있었어요. 임금님이 준비한 음식은 흰색과 노란색, 녹색과 검은색이 조화를 이루어 아름다운 색을 띠었어요.

"전하, 이 음식이 무엇이옵니까?"

나이 지긋한 신하의 물음에 임금님은 아무 말 없이 그저 씩 웃을 뿐이었어요.

"전하, 음식의 색이 너무 아름다워 젓가락을 가져가기가 두렵사옵니다."

그러자 임금님이 '허허' 소리 내어 웃었어요.

"그러지 말고 어서 드시오. 그동안 나랏일을 돌보느라 얼마나

수고가 많았소. 자…….”

임금님이 음식을 먹자 신하들도 하나둘 음식으로 젓가락을 가져갔어요.

빛깔 못지않게 음식의 맛 또한 기가 막혔어요. 간장에 고소한 참기름과 새콤한 식초를 탄 양념장이 재료에 골고루 배어 입안에서 사르르 녹았지요. 그러자 신하들은 이 음식이 무엇인지 더욱 궁금해졌어요.

"전하, 어떤 음식이기에 이다지도 맛이 있사옵니까?"

신하들의 한결같은 물음에 임금님은 고개를 끄떡이며 입을 열었어요.

"이 음식은 탕평채라고 하오."

"탕평!"

갑자기 신하들의 얼굴이 너 나 할 것 없이 벌게졌어요. '탕평'이란 어느 쪽에도 치우침 없이 공명정대한 것을 말해요.

오랜 옛날부터 신하들은 편을 나누어 싸우고 있었지요. 자기편만 높은 자리에 앉아 많은 힘을 얻으려고 했어요. 그래서 상대편에게 죄를 뒤집어씌워 고문을 하고 귀양을 보내기 일쑤였어요. 심지어는 목숨을 빼앗기도 했어요.

신하들은 임금님이 그런 일을 못마땅하게 생각하고 있다는 것을 잘 알게 되었어요. 그리고 이렇게 새로운 음식에 탕평채란 이름을 지은 이유도 짐작할 수 있었지요. 그것은 앞으로 모든 신하들을 탕평하게 대하겠다는 뜻이었어요.

"한낱 음식도 이렇게 어우러져 색과 맛을 내는데, 우리가 이것만 못하겠소? 우리도 이 탕평채처럼 한데 어우러진다면 탕평채의 색과 맛보다 훨씬 조화롭고 아름다울 것이오."

임금님의 말에 신하들은

부끄러워 모두 고개를 푹 수그렸답니다.

　이 임금님이 누구인지 아나요? 바로 조선의 제21대 임금 영조예요. 영조 임금은 편을 나누어 싸우는 신하들을 잘 다스리기 위해 탕평채를 만들었대요. 그 뒤 탕평채는 우리나라 궁중 음식을 대표하게 되었지요.

　어느 나라건 마찬가지겠지만, 우리나라의 궁중 음식은 무척 화려해요. 그 상차림만 보아도 알 수 있지요.

　임금님이 먹는 밥을 '수라'라고 하는데, 임금님은 하루에 다섯 번이나 수라를 먹었어요.

이른 아침에는 죽이나 보약을 들고, 오전 10시쯤이 되어서야 정식으로 아침을 먹었어요. 점심은 '낮것'이라고 하여 간단하게 배를 채우고 저녁은 아침처럼 푸짐하게 먹었지요. 또 밤이 되어 출출해지면 '야참'이라고 하여 약과나 수정과, 혹은 죽을 먹었어요.

임금님의 수라 가운데 아침과 저녁 수라가 가장 푸짐해요. 이때는 밥이 두 가지나 나왔어요. 흰밥과 팥밥이었는데 흰밥을 먹을 때는 미역국을, 팥밥을 먹을 때는 곰국을 먹었어요.

이때는 12첩 반상을 차렸지요. '반상'이란 밥과 국을 기본으로 하는 상차림을 말해요. '첩'은 반찬의 가짓수고요. 반찬의 가짓수에 따라 3첩, 5첩, 7첩, 9첩, 12첩 반상이 있어요. 이 가운데 12첩 반상은 임금님만 먹는 상이었어요.

그런데 실제로 임금님 밥상에 오르는 반찬의 가짓수는 이보다 훨씬 많았어요. 김치나 젓갈, 고추장이나 간장 같은 것은 반찬 수에 넣지 않았거든요. 그래서 임금님의 수라상에 오르는 그릇은 30여 개가 넘었어요.

그러니 얼마나 수라상 차리기가 힘들었을까요? 하지만 상차림만 힘든 것이 아니었어요. 임금님이 밥을 먹을 때 시중을 드는 일도 보통 일이 아니었지요.

밥 먹을 시간이 되면 수라 상궁은 여러 나인을 시켜 수라상을 임금님에게 가져가요. '수라 상궁'은 상궁 가운데 임금님의 수라상을 차리는 상궁을 말하지요. '나인'은 궁궐에서 일하는 궁녀예요.

나인들이 임금님 앞에 상을 놓고 나가면 수라 상궁이 음식 뚜껑을 열어요. 그동안 전골 상궁은 옆에서 전골을 끓이지요. '전골'이란 상에서 직접 끓여 먹는 찌개의 한 종류예요.

그리고 기미 상궁이 임금님이 수라를 들기 전에 음식을 먹어 봐요. 왜냐고요? 음식 맛이 좋은지 보기 위해서예요. 또 혹시라도 나쁜 사람들이 임금님의 음식에 독약을 넣었는지 미리 먹어 보는 거지요. 그래서 임금님이 쓰는 그릇과 숟가락, 젓가락은 모두 은으로 만들었다고 해요. 은은 독에 닿으면 색깔이 변하거든요.

이렇게 기미 상궁이 먼저 음식을 먹어 보고 아무 이상이 없어야 임금님이 수저를 들어요. 임금님이 밥을 먹기 시작하면 수라 상궁은 다시 바빠지지요. 임금님이 먹기 좋게 음식을 자르거나 옮겨 놓아야 하니까요.

임금님이 먹던 음식 가운데 신선로를 빼놓을 수 없어요. '신선로'는 고기와 야채, 해산물을 각각 볶아 잣이나 은행 같은 것을 넣은 다음, 가운데에 굴뚝처럼 구멍이 뚫려 있는 그릇에 담아 장국을 부어 만들어요. 그리고 그릇에 뚫린 구멍에 숯을 넣어 끓여 먹지요.

신선로는 '열구자탕'이라고도 불렀는데, 이는 입맛을 돋우는 탕이라는 뜻이에요. 그 이름을 보아도 신선로의 맛이 좋다는 것을 알 수 있지요.

사실 임금님이 먹는 음식치고 맛없는 것이 어디 있었겠어요? 그런데도 특별히 입맛을 돋우는 탕을 만들어 먹은 것을 보면 임금님의 입맛은 보통 까다로운 게 아니었나 봐요.

백두 낭자·한라 도령과 함께 떠나는 한식 여행

음식 중의 으뜸 전라도 음식

전라도는 기름진 호남평야 덕분에 농산물이 풍부해요. 또 남해와 서해가 모두 가까워 여러 종류의 해산물이 나지요. 이렇게 재료가 넉넉하니 전라도 음식으로 상을 차리면 그야말로 상다리가 휘어지겠죠? 그럼 팔도 음식 중의 으뜸이라는 전라도 음식을 만나 봐요.

전라도 음식하면 전주 음식을 빼놓을 수 없어요. 특히 전주비빔밥과 콩나물국밥은 모르는 사람이 없을 정도지요.

전주비빔밥은 아낙네들이 들과 논으로 음식을 내가며 개발한 음식이에요. 밥과 반찬을 따로따로 담아가지고 가면 번거롭잖아요? 그래서 커다란 그릇에 밥과 반찬을 한데 넣어 가지고 가기 시작했어요. 그러던 것이 지금의 전주비빔밥으로 발전한 것이지요.

전주비빔밥에는 전라도 지방에서 나는 온갖 산나물은 물론 청포묵이나 육회도 들어

가요. 이것을 밥에 얹고 고추장과 참기름을 넣어 비벼 먹으면, 한 그릇쯤은 눈 깜짝할 새 없어지지요.

전주비빔밥에 '순창 고추장'을 넣어 비비면 더 맛있어요. 순창 고추장도 전라도를 대표하는 음식이지요.

콩나물국밥은 콩나물국을 뚝배기에 담고 밥을 넣어 함께 끓이는 국밥이에요. 새우젓으로 간을 맞추는데 술을 마신 후 해장국으로도 으뜸이에요.

전라도는 해산물도 일품이에요. 전라남도 해남은 김과 미역 양식으로 유명해요. 또 해남 갯벌에선 세발 낙지도 많이 잡히는데, 이 낙지를 산채로 먹는 낙지회도 사람들이 좋아하지요.

또한 민물에서 나는 참게에 간장을 부어 만든 게장, 조기를 소금에 말린 영광 굴비역시 전라도를 대표하는 음식이랍니다.

발이 세 개라서가 아니라 발이 가늘어서 세발 낙지랍니다.

삼신할미에게 바쳤던 정과

한과와 음료 이야기

옛날 어느 마을에 정주댁이라는 사람이 살고 있었어요. 정주댁은 남편 뒷바라지를 잘하기로 소문이 자자했어요. 또 이웃의 어려운 일도 내 일처럼 도와주어 마을 사람 모두가 좋아했지요.

그런데 정주댁에게는 커다란 걱정거리가 있었어요. 혼인한 지 십 년이 넘도록 자식이 없었지요. 삼신할미에게 정성을 다해 기도했지만 소용이 없었어요.

정주댁은 동네 아이들이 뛰어노는 모습을 멍하니 바라보곤 했어요. 어떤 때는 아이를 품에 안고 젖을 물리는 이웃 아낙네를 보며 한숨짓기도 했지요.

'그래, 내 정성이 부족한 거야. 삼신할미께 더욱 열심히 기도를 올리자.'

이렇게 생각한 정주댁은 다시 삼신할미에게 기도하기로 마음먹었어요.

다음 날, 정주댁이 부엌에서 삼신할미에게 바칠 음식을 마련하고 있을 때였어요.

"정주댁, 뭐 하나?"

옆집에 사는 순이 할머니가 문 앞에 서서 물었어요.
"오셨어요? 오늘부터 다시 삼신할미께 기도를 드리려고요."
순이 할머니는 천천히 정주댁의 부엌으로 들어섰어요.
"그래, 삼신할미께 바칠 음식은 다 장만했나?"
"그럼요. 보실래요?"
정주댁은 이렇게 말하며 음식을 덮어 두었던 보자기를 걷어 보였어요. 순이 할머니는 정주댁이 정성껏 만든 음식을 하나하나 살펴보았지요. 그런데 순이 할머니가 고개를 갸우뚱하며 정주댁을 쳐다보았어요.
"아니, 왜 정과가 빠졌나?"
'정과'는 과일이나 도라지, 연근 등으로 만든 우리나라 과자 가운데 하나예요.
"정과요?"

정주댁의 물음에 순이 할머니는 혀를 끌끌 찼어요.

"아니, 삼신할미께 빌러 가면서 정과를 빼 놔?"

순이 할머니는 정주댁에게 찬찬히 설명하기 시작했어요.

"삼신할미한테는 언제나 아이들이 따라다닌다고. 그래서 삼신할미께 정성을 드릴 때는 꼭 정과를 만들어 가야 해. 아이들은 정과를 좋아하잖아. 아이들이 좋아하는 정과를 차려야 삼신할미도 좋아할 거고, 그래야 기도도 들어줄 게 아니야?"

순이 할머니의 말에 정주댁은 무릎을 탁 쳤어요.

"그렇군요! 여태껏 삼신할미께서 아이를 점지해 주지 않으신 이유를 이제야 알겠어요."

정주댁은 얼른 장에 가서 앵두와 딸기, 살구 등 갖가지 과일을

샀어요. 그리고 이 과일들을 꿀에 재어 두었다가 불에 다려 정과를 만들었어요.

　정주댁은 그렇게 정과를 만들어 삼신할미에게 백일기도를 올렸어요. 그리고 그 이듬해 떡두꺼비 같은 아들을 낳았답니다. 그런데 정말 정주댁이 삼신할미에게 정과를 올려서 아들을 낳은 것일까요?

그거야 아무도 모르지만, 아무튼 정과는 삼신할미에게 기도를 올릴 때 빠뜨려서는 안 되는 과자였어요.

또 사람들은 정과가 귀신을 쫓는다고도 믿었지요. 옛날 우리 조상들은 병이 나는 것은 몸에 귀신이 들었기 때문이라고 생각했어요. 귀신에는 크게 남자 귀신과 여자 귀신, 그리고 아이 귀신이 있다고 생각했어요. 그래서 아이들이 병에 걸리는 것은 아이 귀신 때문이라고 생각했지요. 볼거리나 홍역 등 아이들이 쉽게 걸리는 전염병이 마을에 돌면 사람들은 정과를 만들어 문 앞에 걸어 놓았어요. 아무리 귀신이라도 아이는 아이잖아요? 그러니까 아이 귀신도 아이처럼 과자를 좋아할 거로 생각했나 봐요. 아이 귀신이 집으로 들어오려고 하다가 맛있는 과자가 걸려 있는 것을 보면 그것만 먹고 돌아간다고 믿은 거예요.

벼슬이 높은 사람만 먹을 수 있는 정과도 있었어요. 여러 빛깔 과일로 정과를 만들면 맛은 물론 보기에도 좋았지요. 이런 정과를 '오색 정과'라고 하는데, 이 오색 정과는 정승과 판서들만 먹을 수 있도록 법으로 정해 두었다고 해요.

정과 말고도 우리나라에는 여러 종류의 과자가 있어요. 우리나라 과자를 보통 '한과'라고 하지요. 우리가 지금도 흔히 볼 수 있는 한과에는 약과와 강정이 있어요.

약과는 밀가루를 기름과 꿀로 반죽해서 낮은 온도의 기름에 튀긴 것이에요. 지금은 보통 국화 모양을 내서 먹지만, 옛날에는 새나 물고기 같은 모양도 냈다고 해요.

강정은 찹쌀가루로 만들어요. 찹쌀가루에 꿀과 술을 넣어 반죽한 다음 찌지요. 그리고 끈기가 생길 때까지 쳐서 갸름하게 썰어 말려요. 다 마른 다음 기름에 튀겨 깨나 계피 같은 고물을 묻히면

맛있는 강정이 되는 거예요.

쌀, 밤 등을 가루로 내어 꿀로 반죽해 판에 찍어 낸 다식류도 있어요. 다식은 송홧가루로도 만들었지요. 송홧가루란 소나무의 꽃가루예요.

또 밤을 삶아 으깨서 꿀과 계피에 버무린 다음 다시 밤 모양으로 만든 율란, 대추를 삶아 으깨서 계핏가루를 섞어 대추 모양으로 만든 조란도 있어요. 이 율란과 조란은 숙실과라고 부르지요.

우리가 잘 아는 엿도 한과 가운데 하나예요. 호박엿, 고구마엿, 무엿, 옥수수엿 등 여러 종류가 있지요.

이러한 한과는 보통 음료수와 함께 먹지요. 우리나라의 전통 음료수라면 역시 식혜와 수정과를 들 수 있어요.

　식혜는 밥을 해서 엿기름으로 삭혀 만들어요. 엿기름을 우려낸 물을 밥에 부어 네다섯 시간 정도 따뜻한 아랫목에 두지요. 그러면 달콤한 식혜가 되는 거예요. 식혜를 시원하게 식힌 다음 잣이나 대추를 얇게 썬 것을 넣어 먹으면 맛이 그만일 뿐만 아니라 보기에도 좋지요.

　수정과는 계피와 생강을 달인 물에 설탕을 탄 다음 곶감을 넣어 만들어요. 그러면 계피와 생강의 알싸한 맛과 곶감의 단맛이 잘 어우러지지요. 또 물컹해진 곶감의 맛도 색달라요. 수정과에도 잣이나 얇게 썬 대추를 띄워 먹지요.

이 밖에도 음청이라는 것을 만들어 먹었어요. 음청은 지금으로 말하면 일종의 주스예요. 대추나 오미자 등에 사향 같은 향기 좋은 것을 넣어 끓여 만들었어요.

우리가 지금 먹는 과자나 음료수는 대부분 서양에서 들어온 것들이에요. 탄산음료도 주스도 달콤한 초콜릿도 모두 서양에서 온 음식이지요.

하지만 가게에서 쉽게 구할 수 있는 과자나 음료수 가운데 우리 것도 많아요. 가게에 가면 한번 주의 깊게 살펴보세요. 친구와 함께 우리 전통 과자와 서양에서 온 과자, 혹은 우리 음료와 서양 음료를 가려 보는 것도 재미있을 거예요.

백두 낭자·한라 도령과 함께 떠나는 한식 여행

매워도 맛있는 경상도 음식

경상도는 우리나라 남쪽에 위치해 날씨가 따뜻해요. 기온이 높을수록 음식이 잘 상하기 때문에 경상도 음식은 맵고 짠 것이 특징이에요. 소금과 고춧가루가 음식을 오래 보관할 수 있도록 천연방부제 역할을 해 주기 때문이지요.

마산 아구찜은 경상도의 매운 맛을 대표할 음식이에요. 아구찜은 아구를 꾸덕꾸덕하게 말려 자른 다음 콩나물과 미나리를 넣고 고춧가루로 맵게 간을 해 만들어요. 어찌나 매운지 땀을 뻘뻘 흘리며 먹어야 할 정도이지만, 많은 사람들이 그 매운 맛에 반해 또 찾게 되지요.

아구는 입이 아주 큰 생선인데, 살이 매끄럽고 비늘이 없어 먹기에 좋아요.

경상도 안동에서는 식혜를 만들 때도 고춧가루를 쓴답니다. 식혜를 만들려면 밥을 지어 엿기름에 넣어 삭혀야 해요. 그런데 **안동 식혜**는 쌀 대신 찹쌀로 밥을 지어 삭혀요. 그리고 고춧가루를 헝겊에 싸서 식혜 국물을 붉게 물들이지요. 예로부터 양반 고을로 소문난 안동에서는 새해가 되면 이렇게 붉은 식혜를 만들어 시원하게 먹곤 했대요.

안동 간고등어도 빼놓을 수 없는 경상도 음식이에요. 안동은 바닷가와 멀리 떨어져 있어요. 그래서 교통이 발달하지 않았던 옛날에는 생선을 먹기가 어려웠지요. 그래서 생선을 운반하는 동안 생선이 상하지 않도록 소금에 잔뜩 절인 간고등어를 만들게 되었어요.

제사상에는 고춧가루나 고등어는 올리지 않아요. 그런데 안동에서는 간고등어와 안동 식혜를 제사상에 올렸어요. 이는 안동 지역에서만 볼 수 있는 특별한 전통이지요.

안동 간고등어는 미국과 일본 등으로 수출되고 있어요.

덕수와 곱단이의 맹세

술 이야기

햇살이 따스한 5월, 덕수와 곱단이는 혼례식을 올렸어요.
연지 곤지를 찍은 곱단이의 모습은 어느 때보다도 예뻤어요. 덕수는 곱단이를 바라보며 싱글벙글 웃기만 했지요.
"새신랑 좀 봐. 좋아서 입이 귀밑까지 찢어졌네!"
"아이고, 새신랑. 색시 얼굴 뚫어지겠어. 그만 좀 쳐다봐."
혼례식을 보러 온 이웃 사람들이 저마다 한마디씩 해도 덕수는 곱단이만 쳐다봤어요. 그러자 곱단이의 얼굴은 귀밑까지 발갛게 물들었어요.
덕수와 곱단이가 서로에게 절을 하자 혼례식을 진행하는 할아버지가 외쳤어요.
"근례배."
근례배는 한 잔의 술을 신랑과 신부가 한 모금씩 나눠 마시는 거예요. 이렇게 술을 나누어 마시면서 신랑과 신부는 부부가 되기로 맹세하는 것이지요.
술잔에 술이 채워지자 덕수는 얼른 술잔을 입으로 가져갔어요. 덕수가 술을 반쯤 마시고 내려놓자, 한 사람이 그 술잔을 곱단이 쪽으로 건넸어요.

곱단이도 술잔을 천천히 입으로 가져갔어요. 그 모습을 보는 덕수의 가슴은 쿵쾅쿵쾅 뛰었어요.

'그래, 곱단아. 이제야 우리가 부부가 되었구나. 검은 머리가 파뿌리 될 때까지 잘 살자.'

덕수는 곱단이 마음도 자신과 같으리라고 굳게 믿었어요. 그러자 그 술이 이 세상 어느 것보다 소중하게 느껴졌어요.

덕수와 곱단이처럼 신랑과 신부가 한 잔 술을 나눠 마시는 것을 본 적이 있나요? 이렇게 한 잔 술을 나눠 마시며 신랑과 신부는 평생을 함께 살아가기로 맹세했어요. 신랑, 신부만이 아니에요. 임금과 신하도 술을 나눠 마시며 충성을 맹세했지요. 술은 이렇게 무언가를 맹세할 때 많이 쓰였어요.

또 신과 조상에게 제사를 지낼 때도 술은 중요한 역할을 했지요. 사람들은 신과 조상에게 술을 올리고 절을 한 다음 그 술을 나눠 마셨어요. 그러면 신이나 조상과 자신들이 하나로 연결된다고 믿었던 거예요.

우리 겨레가 마시던 술로는 탁주와 청주, 소주가 있어요.

탁주는 쌀이나 밀 같은 곡식을 쪄서 누룩으로 발효시켜 만들지요. '누룩'이란 술을 만드는 곰팡이를 쌀이나 밀에 번식시킨 것을 말해요. 누룩으로 발효시킨 재료를 체에 밭쳐 손으로 주물러 걸러 내면 탁주가 되는 거예요. 탁주는 농민들이 많이 마셔서 농주라고도 부르고, 그 색깔이 희다고 해서 백주라고도 해요. 또 막걸리라고도 부르지요.

청주는 약주라고도 하는데 탁주를 한 번 더 깨끗하게 걸러서 만든 술이에요. 그러니 탁주를 만드는 것보다 정성이 더 많이 들어가겠지요?

소주는 고려 시대에 원나라에서 들어왔어요. 이 술은 술을 끓여서 생긴 증기를 받아 만든 것이에요. 그래서 아주 독하답니다.

술을 마실 때 반드시 지켜야 할 예의도 있었어요. 술잔은 반드시 두 손으로 주고받고, 술잔을 가지고 장난을 하거나 술을 쏟으면 안 되었어요. 또 술을 못하는 사람에게는 억지로 권하지 않았지요.

한편 아무리 술을 못 마셔도 술을 받은 사람은 입술이라도 적시고 술잔을 내려놓았어요. 술이 독하고 쓰다고 해서 인상을 쓰는 것도 예의에 벗어난 행동이었지요. 그리고 어른과 술을 마실 때는 어른이 술을 다 마신 뒤에야 몸을 옆으로 돌리고 술을 마셨어요.

우리 겨레는 예부터 술을 아주 좋아했답니다. 특별한 날이 아니더라도 술을 마시는 사람이 많았어요. 대표적인 사람이 바로 정철이에요. 정철은 조선 선조 임금 때의 벼슬 높은 관리이자 훌륭한 시인이지요.

정철은 거의 날마다 술을 마셨어요. 술을 마신 이유도 가지가지였어요. 슬픈 일이 생기면 슬픔을 달래기 위해 술을 마시고, 기쁜 일이 생기면 기쁨에 겨워 술을 마셨어요.

그러던 어느 날이었어요. 임금님이 걱정스러운 얼굴로 정철을 바라보며 물었어요.

"아니, 대감. 얼굴빛이 왜 그리 안 좋으시오?"

임금님의 말에 정철은 고개만 푹 숙였어요. 그러자 임금님이 이맛살을 찌푸리며 말했어요.

"듣지 않아도 알 것 같구려. 그래, 어제는 또 무슨 일로 술을 마셨소?"

"달빛이 하도 고와 그만……."

정철은 개미 소리만 한 목소리로 대답했어요. 그러자 임금님은

혀를 찼어요.

"다음 번엔 달이 뜨지 않아서 술을 마셨다고 하겠구려!"

그날 저녁, 임금님은 정철을 다시 불렀어요. 정철이 절을 하고 앉자, 임금님이 말했어요.

"받으시오."

고개를 든 정철은 눈을 동그랗게 떴어요.

"아니, 이것은 술잔이 아니옵니까?"

정철은 임금님이 술잔을 주는 뜻을 알 수 없어 두 눈만 끔뻑거렸어요.

"오늘부터 정 대감은 이 술잔으로 하루에 한 잔씩만 술을 들도록 하시오."

임금님의 말에 정철은 입을 다물지 못했어요. 임금님이 준 술잔은 쇠로 만든 것이었는데 너무 작았거든요. 그 잔에는 한 모금의 술도 들어가지 않을 것 같았어요.

술잔을 들고 집으로 돌아온 정철은 한숨만 푹 내쉬었어요.

'아, 어쩌면 좋단 말인가? 임금님의 명을 거역할 수도 없고, 하지만 저 술잔으로는……'

정철은 어떻게 하면 조금이라도 술을 더 마실 수 있을지 궁리하기 시작했어요. 그러자 좋은 생각이 떠올랐어요.

'옳지, 저것은 쇠니까…….'

정철은 쇠로 된 술잔을 망치로 두들겨서 훨씬 크게 만들었어요. 이렇게 해서 임금님의 명령을 거역하지 않고도 술을 더 많이 마실 수 있었지요.

하지만 이렇게 술을 좋아하던 정철도 나중에는 술을 멀리해야겠다고 마음먹었어요. 술을 너무 많이 마신 탓에 건강이 나빠졌기 때문이지요.

우리 겨레는 적당한 술은 기분을 좋게 해 주고, 피가 잘 돌게 해 건강에도 도움을 주는 약이라고 생각했어요.

그래서 명절이면 나이 지긋한 어른에게 정성스레 빚은 술을 선물하곤 했지요.

또 정월 대보름이 되면 귀밝이술을 마시기도 했어요. 이 술을 마시면 귀가 밝아지고, 한 해 동안 건강하게 지낼 수 있다고 믿었기 때문이지요.

하지만 술을 지나치게 많이 마시면 정신을 흐리게 하고, 건강까지 해쳐 오히려 독이 된다고 생각했어요.

흔히들 모든 것은 사람 하기 나름이라고 해요. 술도 예외가 아니에요. 사람이 하기에 따라 독이 될 수도 있고, 약이 될 수도 있지요. 여러분도 이다음에 커서 술을 마시게 된다면 이것을 꼭 기억해야겠지요?

백두 낭자·한라 도령과 함께 떠나는 한식 여행

바다가 선물한 제주도 음식

제주도는 섬이라서 해산물이 풍부해요. 제주도 음식에는 이 해산물이 가지는 자연의 맛이 그대로 살아 있어요. 이것은 제주도 사람들의 꾸밈없고 소박한 성품을 그대로 보여주는 것이라 할 수 있지요.

제주도 음식 중에는 전복죽이 특히 유명해요. 제주도는 예로부터 전복이 많이 나는데 그 맛 또한 일품이어서 고려 시대부터 임금님에게 전복을 받칠 정도였지요.

우리 조상들은 속이 좋지 않거나 몸이 아플 때 죽을 끓여 먹었어요. 죽은 밥보다 소화가 잘되니까요. 이러한 죽 가운데 제주도 전복으로 끓인 전복죽은 가장 고급스러운 죽이었어요. 건강을 위한 보양식 중에서도 으뜸으로 쳤지요.

전복의 껍질로는 자개를 만들어요.

옥돔도 빼놓을 수 없는 제주도 대표 음식이에요. 옥돔은 제주도에서만 나는 특이한 생선인데, 비린내가 없고 맛이 담백해요. 또 영양이 풍부해서 어린이나 환자들에게 좋은데, 특히 제주도에서는 옥돔으로 미역국을 끓여 산모에게 먹이기도 해요.

옥돔은 찜, 회, 죽으로 먹기도 하지만, 가장 많이 먹는 것은 역시 **옥돔구이**예요. 옥돔구이는 옥돔의 배를 갈라서 꼬들꼬들하게 말린 다음 배 쪽에 참기름을 약간 발라서 구워요. 구이용 옥돔은 선물용으로도 인기가 높지요.

제주도에서는 차가운 바닷바람이 통하는 그늘에서 옥돔을 말려요. 그래서 옥돔 고유의 맛이 살아 있지요.

제주도에는 자리돔도 나요. 자리돔은 작고 까만 도미 종류의 생선인데, 제주도 사람들은 이 자리돔으로 **자리물회**를 만들어 먹지요.

먼저 자리돔을 깨끗이 씻어 뼈째 잘게 썬 다음 간장으로 무쳐요. 거기다 된장과 고추장, 식초를 물에 타 간을 맞추고 준비해 둔 자리돔에 부어요. 여기에 깻잎, 풋고추, 부추 같은 채소를 넣으면 자리물회가 완성되는 거예요.

자리물회는 고소해서 비린맛이 나지 않는답니다.

분례의 혼인공부
장 이야기

추수가 끝난 지 얼마 되지 않은 날이었어요. 분례는 할머니가 부른다는 말에 할머니 방으로 달려갔지요. 방에는 이미 어머니가 와 있었어요.

분례가 어머니 옆에 다소곳이 앉자 할머니가 말했어요.

"너도 머지않아 시집을 가야 할 테니 지금부터 장 만드는 법을 배우도록 해라. 예부터 음식 맛은 장에서 난다고 한 것을 잘 알고 있겠지?"

"예, 할머니."

분례가 대답하자 할머니는 분례의 어머니를 쳐다보았어요.

"어미야, 사흘 전에 삶아 두었던 콩은 어떻게 되었느냐?"

"예, 아주 잘 떴어요."

'떴다'는 것은 콩이 잘 발효되었다는 것을 말해요. 어머니의 대답에 할머니는 고개를 끄덕였어요.

"그럼 분례를 데리고 메주를 만들도록 해라."

'메주'는 삶은 콩을 으깨어 동글거나 네모나게 만든 것이에요.

장을 담그려면 삶은 콩을 메주로 만들어 한 번 더 발효시켜야 하지요.

할머니의 말이 끝나자 분례는 어머니를 따라 밖으로 나왔어요.

"분례야, 이 틀에 콩을 꾹꾹 눌러 담도록 해라."

어머니는 먼저 메주 만드는 틀에 삶은 콩을 꾹꾹 눌러 담기 시작했어요. 그것을 틀에서 떼어 내자 네모반듯한 메주가 되었어요. 분례도 어머니를 따라 메주를 만들었어요. 어머니와 분례는 그렇게 만든 메주를 햇볕이 잘 드는 처마 밑에 매달았어요.

며칠이 지나자 메주가 딱딱하게 말랐어요. 그러자 어머니가 분례를 불렀어요.

"분례야, 이젠 메주를 띄우자."

분례는 어머니를 도와 메주를 건넌방으로 옮겼어요. '메주를 띄운다'는 것은 메주를 잘 보관해 몸에 좋은 곰팡이를 피게 하는 것이에요. 곰팡이가 잘 피어야 장맛이 좋거든요. 그래서 바람이 잘 통해 메주 띄우기에 좋은 곳으로 메주를 옮긴 것이지요.

그렇게 겨울이 가고, 봄이 시작될 무렵의 어느 날이었어요.

어머니는 지난여름에 사 둔 커다란 항아리에 물을 붓고 소금을 넣었어요. 그런 다음 그 항아리 속에 메주를 넣었지요.

　장독대 옆에 서서 조용히 어머니의 모습을 지켜보던 분례는 며칠 전에 어머니가 한 말을 떠올렸어요. 어머니는 장을 담글 때 부정을 타면 안 된다고 말했지요. 그러면 장맛이 좋지 않게 된다고요. 그래서 어머니는 스스로 몸가짐을 조심했어요. 사흘 전부터는 바깥출입도 하지 않고 큰 소리를 내지도 않았어요. 하다못해 개도 꾸짖지 않았지요.

　잠시 후 어머니는 분례를 돌아보았어요. 그러자 분례는 옆에 있던 고추와 숯을 어머니에게 건넸어요. 어머니는 고추와 숯을 넣어야 장에 나쁜 귀신이 붙지 않는다는 말도 했지요. 귀신이 고추의 붉은빛을 무서워한다나요? 또 귀신이 들어와도 숯이 구멍 속에 귀신을 가둔다고도 했어요.

 이렇게 장을 담그고, 어머니는 다시 장독대에 금줄을 쳤어요. '금줄'은 새끼줄에 고추와 숯을 끼워 만든 줄이에요. 장독대에 금줄을 쳐서 나쁜 귀신이 오는 것을 이중으로 막는 것이지요.

 금줄을 다 치자, 어머니는 이제 한시름 놓았다는 듯 편안한 얼굴을 했어요.

 "됐다. 앞으로 45일 정도만 기다리면 다 끝나는구나!"

 장은 이렇게 가을부터 이듬해 봄까지 오랜 시간에 걸쳐 만들어요. 그러나 이게 끝이 아니지요. 분례 어머니의 말처럼 45일 정도가 더 지나야 완성되는 거예요.

 45일 정도가 지나 메주에서 영양소가 빠져나와 소금물이 까매

지면 그 물을 퍼내요. 그럼 항아리 속에 메주 찌꺼기만 남게 되는데 그게 바로 된장이에요. 그리고 퍼낸 까만 물을 달이면 간장이 되고요. 또 메줏가루를 찹쌀가루와 섞고 고춧가루를 넣어 고추장도 만들어야 했어요.

　장을 만드는 데는 이렇게 오랜 시간과 정성이 들어가요. 또 안주인들은 집안일 중에 장 만드는 일을 가장 중요한 일로 여겼지요. 왜냐고요?

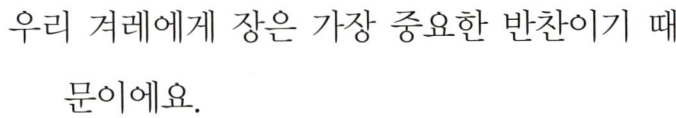

우리 겨레에게 장은 가장 중요한 반찬이기 때문이에요.

원래 장은 말을 타고 이리저리 떠돌아다니며 살던 유목 민족의 음식이었어요. 유목민들은 언제나 떠돌아다녀야 하기 때문에 가지고 다니기 쉬운 음식이 필요했지요. 그래서 그들은 삶은 콩을 말안장에 넣고 다니며 발효시켜 먹었대요. 그러던 것이 한반도로 건너와 우리나라의 독특한 된장이 된 거에요. 그러다 우리 조상들이 메주를 소금물에 띄워 간장을 만들기 시작했고요.

고추장은 그보다 훨씬 뒤부터 만들었어요. 고추장을 먹기 시작한 것은 3백여 년 전이에요. 고추장을 만들 때 들어가는 고추는 임진왜란 뒤 일본에서 처음으로 들어왔거든요. 그러니 고추장은 그 뒤에야 만들어 먹을 수 있었지요.

그래서 어떤 사람은 장이 생겨난 순서에 따라 된장 할아버지, 간장 아버지, 고추장 손자라고 말하기도 했어요.

그 가운데 된장은 종류가 참으로 다양하답니다.

　청국장은 콩으로 메주를 만들지 않고 그냥 삶기만 한 뒤 며칠 동안만 발효시킨 된장이에요. 옛날 병자호란 때 청나라 사람들이 가지고 들어왔다고 해서 청나라의 장이란 뜻으로 이름 붙여진 것이래요. 또 전쟁 때 많이 만들어 먹었다고 하여 '전국장'이라고도 불렀지요. 청국장은 며칠만에 금세 만들 수 있기 때문에 전쟁 때 많이 먹었던 거예요.

된장　　　　　　　간장　　　　　　　고추장

막장이라는 된장도 있어요. 이는 막 담아 먹는 된장이란 뜻이지요. 막장은 메줏가루를 소금물에 말아 익힌 된장이에요. 주로 한강 남쪽에서 많이 담가 먹었어요.

이 밖에 물고기나 고기를 넣어 만든 어육장, 콩 대신 보리를 이용해 만든 등겨장 등이 있어요.

말똥즙장이란 된장도 있어요. 이 장은 전주 지방 사람들이 먹었던 장이에요. 말똥 속에서 메주를 일주일 동안 띄워 만든 것이지요.

옛날 중국 사람들은 우리나라 사람에게 된장이 참으로 중요한 것으로 생각했나 봐요. 그래서 중국 사람들은 된장 냄새를 고려취라고 불렀어요. '고려취'란 고려의 냄새란 뜻이에요. 이는 그만큼 된장이 우리나라를 대표할 만하여서 나온 말이지요.

우리 조상들 역시 우리나라 사람에게 된장이 매우 중요하다고 생각했어요. 그래서 한국 사람의 힘은 된장에서 나온다고도 했지요.

기운이 없을 때 뜨끈한 된장국이나 구수한 된장찌개를 먹어 보아요. 한국 사람이라면 없던 기운도 쑥쑥 솟아날 거예요.

백두 낭자·한라 도령과 함께 떠나는 한식 여행

냉면의 고향 평안도 음식

우리나라 사람이 여름철에 즐겨 찾는 음식 가운데 하나가 바로 냉면이에요. 그런데 이 냉면이 태어난 고향이 바로 평안도 평양이라는 사실, 여러분은 알고 있었나요? 냉면의 유래와 함께 평안도 음식을 만나 보아요.

냉면은 국수의 일종이지요. 국수는 원래 중국 음식이에요. 평안도는 옛날부터 중국과의 교류가 많았는데, 평양 사람들은 중국에서 건너온 국수를 보고 우리나라 사람의 입맛에 맞는 냉면을 만들었어요. 냉면은 오늘날 우리나라 사람뿐만 아니라, 중국 사람들도 좋아하는 한류 음식이 되었지요.

평양냉면은 메밀가루와 감자가루를 섞어 국수를 만들어요. 이 국수를 꿩이나 사골, 쇠고기로 끓인 육수와 동치미 국물을 섞어 만든 국물에 말아 먹어요. 먹을 때 편육, 동치미 무, 오이, 삶은 계란 등을 얹고 식초와 겨자를 뿌려 먹으면 맛이 그만이지요.

편육은 고기를 삶아 납작하고 얇게 썬 거예요.

냉면이 차가운 국수라면, **어복쟁반**이라는 뜨거운 국수도 있어요. 평안도는 북쪽 지방이라 날씨가 추워요. 그래서 찬바람이 부는 겨울에는 어복쟁반 같은 따뜻한 국물요리를 많이 먹었지요.

어복쟁반은 먼저 커다란 쟁반에 국수와 편육, 삶은 계란, 버섯 등을 가지런히 담아요. 그리고 뜨거운 육수를 부어 팔팔 끓이면 되지요. 추운지방 음식인 만큼 국물 맛이 짜지 않고 담백해요.

평안도에는 추운 겨울에 냉면을 먹고, 더운 여름에 어복쟁반을 먹는 재미있는 풍습이 있었다고 해요.

되비지탕도 평안도를 대표하는 음식이에요. 되비지탕은 콩비지로 만든 찌개예요. 먼저 콩을 불려 맷돌에 갈아 콩비지를 만들어요. 이 콩비지를 볶은 돼지고기와 함께 약한 불에서 천천히 끓여요. 거기에 배추김치나 절인 배추를 넣고 한 번 더 끓이면 맛있는 되비지탕이 되지요.

믹서기가 없던 옛날에는 맷돌로 음식을 갈았어요.

아이 목숨을 살리는 똥떡

떡 이야기

영남이는 갑자기 벌떡 일어났어요. 아까부터 배가 살살 아파오던 것을 꾹 참고 있었거든요. 하지만 이젠 도저히 참을 수가 없었지요.

그러나 영남이는 뒷간 앞에 서자 주춤했어요. 그곳은 달빛도 들지 않아 칠흑같이 어두운데다 뒷간에서 산다는 귀신 이야기가 생각났기 때문이에요. 하지만 배가 사르르 아픈 게 금방이라도 똥을 쌀 것만 같았어요.

영남이는 어금니를 꽉 물고, 뒷간으로 한 발을 들여 놓았어요. 그리고 뒷간 바닥을 발로 더듬으며 디딜 곳을 찾았지요.

"어이쿠!"

영남이는 그만 오른쪽 발을 헛디디고 말았어요. 그래서 어찌해 볼 틈도 없이 똥통에 풍덩 빠져 버렸지요.

"사람 살려, 사람 살려!"

영남이는 고래고래 소리치며 발을 버둥거렸어요. 지푸라기라도 잡으려는 듯 손을 마구 휘젓기도 했지요. 다행히 어머니가 헐레벌떡 뒷간으로 뛰어들어 왔어요.

"아이고, 이걸 어쩌나?"

어머니는 하얗게 질린 얼굴로 가슴을 쳤어요. 예부터 똥통에 빠진 아이는 결국 죽게 된다는 이야기가 있었기 때문이에요.

다음 날 아침, 영남 어머니는 허겁지겁 이웃집 할머니를 찾아갔어요. 그 할머니는 큰일이 있을 때마다 마을 사람들이 찾는 어른이었어요. 머리는 온통 하얗게 세고 이는 다 빠진 늙은이였지만, 나이가 많은 만큼 아는 것도 많은 분이었지요.

영남 어머니의 말을 다 듣고 난 할머니는 혀를 끌끌 찼어요.

"그렇지. 뒷간에 빠진 아이는 결국 죽고 말지."

"무슨 방법이 없을까요?"

영남 어머니는 울먹이며 말했어요. 그러자 잠시 생각에 잠겨 있던 할머니가 입을 열었어요.

"걱정하지 말아요, 영남 엄마. 좋은 방법이 있다고. 나도 우리 할머니한테서 들은 건데 말이야……."

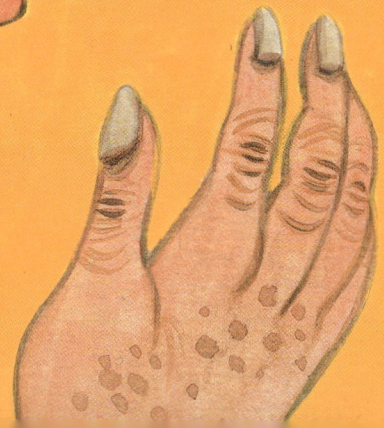

할머니의 이야기를 듣고 난 영남 어머니의 눈이 반짝였어요.
"그렇게 하면 정말 우리 영남이를 살릴 수 있단 말이지요?"
"그래. 그러면 된다니까."
할머니의 말에 힘을 얻은 영남 어머니는 집으로 쏜살같이 뛰어갔어요. 그리고 할머니 말대로 쌀을 정성스럽게 씻어 불렸어요. 그런 다음 가루를 내서 떡을 만들어 뒷간으로 가져갔지요. 영남 어머니는 뒷간 앞에 떡을 놓고 간절하게 빌기 시작했어요.
"뒷간 귀신님, 뒷간 귀신님. 이렇게 떡을 해 왔으니 제발 화를 푸세요."
이웃집 할머니는 영남이가 똥통에 빠진 것은 뒷간 귀신이 화가

났기 때문이니까 뒷간 귀신의 화를 풀어 주어야 한다고 했어요. 그래야 노여움을 푼 귀신이 영남이 목숨을 빼앗지 않는다는 것이었지요. 그래서 영남 어머니는 그렇게 뒷간 앞에서 귀신에게 빌었던 거예요.

하지만 아직 영남이가 할 일이 더 남아 있었어요. 영남 어머니는 영남이에게 떡 한 광주리를 주며 말했지요.

"영남아, 어서 이 떡을 가지고 동네를 한 바퀴 돌아라. '똥떡이오, 똥떡!' 하면서 이 떡을 사람들에게 나눠줘야 한다. 알았지?"

뒷간에 빠진 아이는 결국 죽게 된다는 이야기를 알고 있었던 영남이는 두말없이 떡을 가지고 나갔어요.

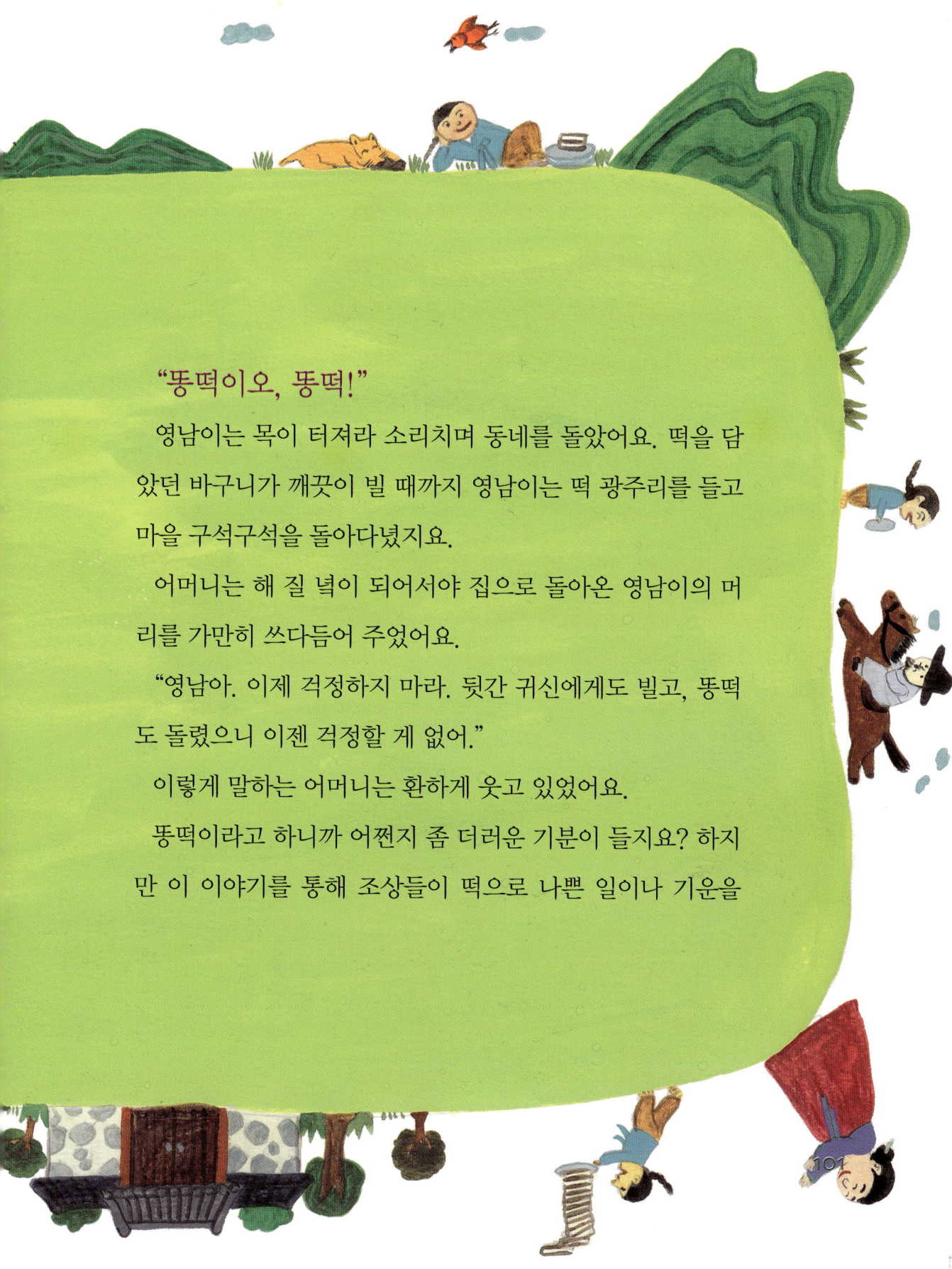

"똥떡이오, 똥떡!"

영남이는 목이 터져라 소리치며 동네를 돌았어요. 떡을 담았던 바구니가 깨끗이 빌 때까지 영남이는 떡 광주리를 들고 마을 구석구석을 돌아다녔지요.

어머니는 해 질 녘이 되어서야 집으로 돌아온 영남이의 머리를 가만히 쓰다듬어 주었어요.

"영남아. 이제 걱정하지 마라. 뒷간 귀신에게도 빌고, 똥떡도 돌렸으니 이젠 걱정할 게 없어."

이렇게 말하는 어머니는 환하게 웃고 있었어요.

똥떡이라고 하니까 어쩐지 좀 더러운 기분이 들지요? 하지만 이 이야기를 통해 조상들이 떡으로 나쁜 일이나 기운을 막았다는 것을 알 수 있어요.

　우리나라 사람들은 마을에 이상한 일이 생겼을 때도 도깨비들이 장난을 친다며 붉은 팥을 넣은 시루떡을 마을 곳곳에 놓아두었어요. 시루떡을 좋아하는 도깨비들이 떡을 먹으면 화가 풀린다고 믿었던 거예요. 이렇게 집안이나 마을의 나쁜 일을 막기 위해 만든 떡을 '액막이떡' 이라고 불러요.

　기쁜 일이 있어도 우리 겨레는 떡을 만들었어요. 아기가 태어나 백일이 되면 백설기와 수수팥떡을 해서 온 마을에 돌렸지요. 백일뿐만 아니라 돌을 비롯한 생일이나 혼례상에도 떡은 빠지지 않았어요. 특히 이런 때는 떡에 예쁘게 모양을 냈지요.

나무나 사기로 만든 떡살로 찍어서 말이에요. 또 귀신도 산 사람처럼 떡을 좋아한다고 해서 제사상에도 떡을 올렸어요.

이렇게 만든 떡은 혼자서 먹지 않고 주위 사람들과 사이좋게 나누어 먹었어요. 특히 귀신에게 고사를 지낼 때 올린 떡은 아무리 먹어도 체하지 않는 '복떡'이라고 해서 주는 사람이나 받는 사람 모두 기분 좋게 나누어 먹었지요.

떡을 만드는 방법은 여러 가지예요.

먼저 쌀을 비롯한 곡식을 빻아 시루에 쪄서 만드는 방법이 있어요. 곡식 가루에 콩이나 팥을 섞어 찌기도 하지요. 보통 백설기나 시루떡 같은 떡을 만들 때 이 방법을 써요.

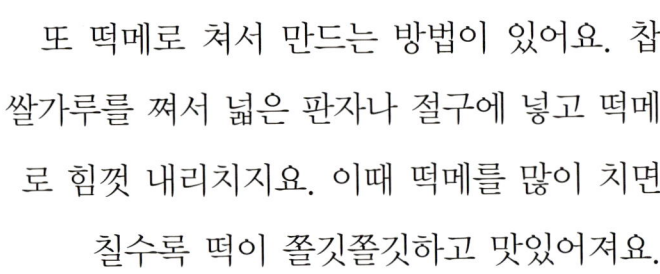

또 떡메로 쳐서 만드는 방법이 있어요. 찹쌀가루를 쪄서 넓은 판자나 절구에 넣고 떡메로 힘껏 내리치지요. 이때 떡메를 많이 치면 칠수록 떡이 쫄깃쫄깃하고 맛있어져요. 이렇게 만든 떡으로는 인절미가 있답니다.

반죽에 소를 넣어 쪄 먹는 떡도 있지요. 쌀가루나 찹쌀가루 등을 곱게 빻아 반죽한 다음 콩이나 팥 등을 속에 넣어 빚어요. 그런 다음 찌면 맛있는 떡이 되는 거예요. 추석이면 먹는 송편이 바로 이런 방법으로 만드는 떡이지요.

우리 겨레가 떡을 먹기 시작한 것은 아주 오래전부터예요. 우리가 날마다 먹는 밥보다도 떡을 먼저 먹었을 거라고도 해요.

그것을 어떻게 아느냐고요? 밥을 지으려면 쇠로 만든 솥이 필요하잖아요. 하지만 떡은 흙을 구워 만든 시루로도 만들 수 있거든요. 쇠로 만든 그릇보다 흙을 구워 만든 그릇을 먼저 발명했기 때문에 흙으로 만든 그릇을 이용해 만들 수 있는 떡을 밥보다 먼저 먹었을 거라고 짐작하는 거예요.

  돌아오는 생일에는 떡 케이크를 준비하고 친구들을 초대해 보면 어떨까요? 우리 겨레가 아주 오랜 옛날부터 먹어 왔던 떡으로 생일상을 차린다면 더 뜻깊은 생일이 될 거예요.

백두 낭자·한라 도령과 함께 떠나는 한식 여행

명태의 고장 함경도 음식

함경도에는 예로부터 명태가 많이 잡혔어요. 명태란 이름도 함경도에서 나왔지요. 함경도 명천 지방에 살던 어부 태씨가 처음 잡았다고 해서 명천의 '명' 자와 어부의 '태'씨 성을 따서 명태라 이름을 지은 거래요.

함경도 음식 가운데 이 명태를 얼린 동태를 가지고 만든 **동태순대**가 유명해요. 동태순대는 동태의 내장과 두부, 숙주나물, 배추 따위로 속을 만들어 동태 몸속에 넣어 만들어요.

함경도 사람들은 김장철이 되면 동태순대를 한꺼번에 만들었어요. 그것을 말리거나 꽁꽁 얼려 두었다가 하나씩 꺼내 찌거나 구워 먹었지요. 그렇게 요리한 동태순대를 양념장에 찍어 먹으면 맛이 기가 막히대요.

생선을 이용한 함경도 음식으로 **가자미식해**도 있어요. 식해란 곡식과 생선을 이용해 만든 일종의 젓갈이에요. 함경도는 산이 높고 땅이 척박해 쌀 대

신 조를 많이 재배했는데, 가자미식해는 바로 이 조와 가자미를 이용해 만든 식해예요. 우선 소금에 절인 가자미와 무를 조밥과 섞어요. 그리고 고춧가루, 파, 마늘, 생강, 엿기름 등을 부어 버무린 다음 김치를 담듯 항아리에 꾹꾹 눌러 담아요. 그렇게 3~4일이 지나면 새콤하고 담백한 가자미식해가 되는 거예요.

> 식해와 식혜는 달라요. 식해는 젓갈의 한 종류고, 식혜는 음료의 한 종류지요.

함경도 음식하면 **함흥냉면**을 빼놓을 수 없지요. 함흥냉면은 감자녹말을 넣어 쫄깃하게 반죽한 국수에 매콤한 양념장을 넣어 비벼 먹어요. 여기에 맵게 무친 홍어회나 가자미회를 넣어 먹는데, 그래서 보통 회냉면이라고도 부르지요.

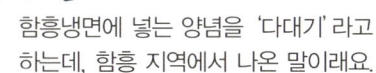

함흥냉면에 넣는 양념을 '다대기'라고 하는데, 함흥 지역에서 나온 말이래요.

아홉 식구가 배불리 먹는 방법

국 이야기

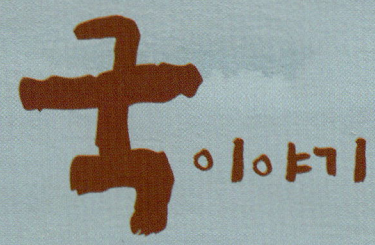

돌쇠네 집은 몹시 가난했어요. 할아버지, 할머니를 비롯해 아버지, 어머니, 누나와 돌쇠, 그리고 동생 셋까지 아홉이나 되는 식구들은 날마다 맨밥에 간장 하나로만 밥을 먹었지요.

그러던 어느 날 아버지가 고기를 얻어 왔어요. 아버지는 온 식구를 불러 모았어요.

"우리 식구가 먹기엔 고기가 너무 적다. 이 고기로 우리가 모두 배불리 먹을 수는 없을까?"

아버지가 말문을 열자, 벌써 입맛을 다시고 있던 돌쇠 바로 아래 동생이 신이 나 말했어요.

"양념을 해서 구워 먹어요."

돌쇠 동생의 말에 모두 고개를 저었어요. 고기를 구우면 한 점씩도 안 돌아갈 게 뻔했기 때문이지요. 식구들은 뾰족한 수가 없어 서로 얼굴만 쳐다보았어요. 그때 갑자기 할머니가 무릎을 탁 치며 말했어요.

"좋은 방법이 있다. 이 고기를 물에 넣어 푹 끓여 먹는 거야."

할머니의 말에 어머니도 손뼉을 쳤어요.

"맞아요. 그럼 고기 맛이 국물에 우러날 테니, 우리가 모두 실컷 먹을 수 있겠네요!"

할머니는 당장 밖으로 나가 솥에 물을 붓고 고기를 넣어 끓였어요. 그리고 간장과 소금으로 간을 맞추었지요.

밥을 먹으면서 돌쇠가 싱글벙글 웃으며 말했어요.

"야, 국물을 떠먹을 때마다 고기 맛이 나는데요!"

그 뒤부터 돌쇠네 집은 고기가 생기면 이렇게 물에 넣고 끓여 먹었어요. 고기뿐만이 아니에요. 생선도 시금치나 콩나물 같은 나물도 모두 이렇게 끓여 먹었어요. 그래서 적은 재료로도 온 식구가 배불리 먹을 수 있었답니다.

국은 이렇게 적은 재료로 많은 사람이 먹을 수 있게 한 음식이에요. 지금이야 채소나 생선은 물론 고기를 구하는 것이 그리 어려운 일이 아니지요. 하지만 예전에는 먹을 것이 매우 부족했어요. 그래서 적은 재료로 많은 사람이 배를 채울 수 있는 국을 개발하게 된 거예요.

곰국　　　　　　　　　　　　　콩나물국

　국은 종류가 많아요. 먼저 쇠고기나 생선, 채소 그리고 미역 같은 해조류를 넣고 간장으로 간을 맞춰 끓인 '맑은장국'이 있어요. 콩나물국이나 미역국 같은 국이 맑은장국이지요. 소의 뼈와 살을 물에 푹 고아 끓인 국도 있어요. 이런 국은 '곰국'이라고 하는데, 소 대신 닭을 쓰기도 해요. 또 된장을 쌀뜨물에 풀어 고기나 야채를 넣어 끓이는 '토장국'도 있지요. 시금칫국, 시래깃국, 배춧국 같은 국이 토장국이에요. 오이나 미역으로 차갑게 해 먹는 '냉국'도 있지요.

　우리 겨레는 봄이 오면 산과 들에 돋아난 쑥과 냉이 같은 봄나물로 국을 끓였어요. 여름에는 시원한 냉국을 먹었지요. 반대로 뜨

토란국　　우거지국　　미역국

거운 곰국을 먹기도 했어요. 무더운 여름엔 몸이 축나기 쉽기 때문에 영양가가 높은 곰국을 먹었던 거예요. 또 가을엔 무를 넣은 맑은장국이나, 토란국을 먹었어요. 그리고 겨울엔 우거짓국이나 소의 꼬리를 넣고 끓인 꼬리곰탕 등을 먹었지요.

국은 제사에도 쓰였어요. 무슨 제사냐고요? 다음 이야기 속에 그 답이 들어 있어요.

"야, 국이 벌써 좋은 냄새를 풍기며 끓기 시작하네그려."

최 서방의 말에 김 서방은 입맛을 다셨어요. 소의 뼈와 고기, 내장 할 것 없이 모두 한데 넣어 푹 끓인 국은 생각만 해도 침이 꿀꺽꿀꺽 넘어갔어요.

오늘은 선농단에서 선농신에게 제사를 올리는 날이었지요. '선농신'은 농사가 잘되도록 도와주는 신이에요. 해마다 봄이 오면, 임금님과 백성들은 모두 선농단으로 나와 선농신에게 제사를 올렸지요. 그래서 최 서방과 김 서방도 이른 아침부터 선농단으로 나온 것이었어요.

"임금님은 아직도 밭을 갈고 계시나?"

김 서방이 목을 길게 빼고 보았어요. 조금 떨어진 곳에서 임금님은 아직도 밭을

갈고 있었어요.

"임금님이 손수 밭을 가시는 걸 보다니! 정말 꿈만 같지 않나?"

김 서방이 감격스러운 듯 말하자 최 서방이 김 서방의 등을 툭 쳤어요.

"왜 아까 제사 지낼 때 못 들었나? 임금님이 그러셨잖아. '농자천하지대본'이라고."

"그런데 그게 무슨 뜻인가? 아까부터 궁금했는데, 어디 물어볼 수가 있어야지."

김 서방이 고개를 갸우뚱하며 묻자 최 서방이 아는 체하며 말했어요.

"아니, 그것도 몰라? 그 말은 농사를 짓는 사람이 세상에서 가장 중요하다는 뜻이야."

"그러면 바로 내가 세상에서 가장 중요한 사람이네그려."

"그럼 그럼. 농사짓는 게 중요하지 않으면 임금님이 저렇게 손수 밭을 가시겠는가?"

최 서방과 김 서방은 마주 보며 환하게 웃었어요. 물론 앞으로 한 해 동안 고생할 생각을 하면 눈앞이 캄캄했지요. 하지만 자신들이 세상에서 가장 중요한 사람이란 생각을 하면 그까짓 고생쯤이야 아무것도 아닌 것 같았어요. 그때였어요.

"모두 와서 국 한 그릇씩 받아 가시오."

국을 끓이던 사람의 말에 김 서방과 최 서방을 비롯한 많은 사람이 앞다투어 국을 받았어요. 임금님 앞에도 벌써 국이 놓여 있었지요. 이것을 본 김 서방이 최 서방에게 눈짓을 했어요.

"와, 임금님도 우리와 똑같이 한 솥에서 끓인 국을 드시네."

그러자 최 서방이 뿌연 국물에 소금과 파를 넣으며 말했어요.

"아따, 임금님만 드시나? 이 국에 쓰인 소는 선농신께 제사지낸 소가 아닌가? 그러니 선농신도 드시는 거나 마찬가지지."

김 서방도 심심한 국에 소금으로 간을 맞추었어요.

"그러면 선농신이나 임금님이나 우리나 모두 하나일세그려."

최 서방은 이렇게 말하며 뜨거운 국물을 후루룩 마셨어요.

이 국이 바로 설렁탕이에요. 처음에는 선농단에서 끓여 먹었다고 해서 '선농탕'이라고 불렀지요. 그러다 설렁탕으로 이름이 바뀐 거예요.

우리 겨레는 이렇게 선농단에서 제사를 지내고 설렁탕을 먹으며 모두 한마음이 되어 한 해 농사를 준비했답니다.

백두 낭자·한라 도령과 함께 떠나는 한식 여행

인심 좋은 황해도 음식

황해도는 평안도나 함경도에 비해 쌀과 조를 비롯한 곡식이 많이 나는 편이에요. 또 바다를 끼고 있어 조기, 갈치, 새우 같은 수산물도 풍부하지요. 그래서 황해도 사람들은 인심이 좋고 음식도 넉넉하게 만들어요.

황해도의 대표 음식으로는 **콩국**을 들 수 있어요. 물론 콩국은 다른 지방에서도 많이 먹지만, 황해도 콩국은 만드는 방법이 특별해요.

보통 콩국은 콩을 갈아 만든 콩물에 밀가루로 만든 국수를 말아 먹어요. 하지만 황해도에서는 밀가루 국수 대신 찰수수가루로 동글동글하게 빚은 경단을 넣어 먹어요. 여름에 이 콩국을 시원하게 해서 먹으면 맛도 영양도 그만이지요.

찰수수경단은 밀가루 국수보다 고소하고 쫄깃해요.

황해도의 <u>고수김치</u>도 유명해요. 보통 김치는 무나 배추, 오이, 파 등으로 담그지요? 하지만 황해도에서는 고수로도 김치를 담갔어요.

고수김치를 담그려면 먼저 고수를 하루 정도 물에 담가둬야 해요. 고수는 향기가 너무 진해 독한 맛이 나거든요. 그런 다음 조개젓이나 바지락, 황석어젓 같은 젓갈을 넣고 버무려 담가요. 때로 배추를 함께 넣기도 해요.

고수는 향기가 좋은 풀 가운데 하나인데, 절에 가면 많이 만날 수 있어요.

우리나라에 김치의 종류가 많다고 하지만, 황해도의 고수김치처럼 특이한 것은 없을 거예요.

<u>행적</u>은 황해도 사람들의 넉넉한 인심이 돋보이는 음식이에요. 우선 배추김치, 돼지고기, 고사리, 도라지, 실파 등을 큼직하게 썰고, 간장, 참기름, 깨소금 등으로 양념을 해요. 그런 다음 대나무 꼬치에 한 줄로 끼운 후 밀가루를 묻히고 달걀 푼 것에 담갔다가 기름에 지져 만들지요. 행적은 밥반찬은 물론 술안주로도 즐겨 먹는 음식이에요.

나 혼자만 살 수 없다
밥 이야기

"그래, 밥은 다 지었는가?"

장군의 말에 밥을 짓던 군사는 씩씩하게 대답했어요.

"예, 다 지었습니다."

잠시 후 성 안의 군사들이 한자리에 모였어요. 그리고 밥이 커다란 솥째 들려 왔어요.

"군사들은 들어라. 비록 상대 군사가 우리보다 열 배나 많지만, 우리가 죽기를 각오하고 싸운다면 물리칠 수 있을 것이다."

장군의 말이 끝나자 군사들은 숟가락을 들고 솥 주위에 둘러앉았어요. 그리고 모두 솥 안의 밥을 퍼먹기 시작했어요. 다른 때는 한 사람씩 각자의 밥그릇에 밥을 담아 먹었지요. 하지만 오늘은 밥그릇을 달라는 사람이 아무도 없었어요. 장군이나 졸병이나 또 머리가 희끗희끗한 사람이나 아직 어린 티가 남은 소년이나 모두 솥의 밥을 그대로 함께 먹었어요. 그 모습은 마치 엄숙한 의식을 치르는 것 같았어요.

사실 그들은 약속을 하고 있는 것이었어요. 이렇게 한 솥에 지은 밥을 나눠 먹는 것으로 삶과 죽음을 함께 나누기로 맹세하는 것이었지요.

솥이 밥알 하나 없이 말끔하게 비워지자, 장군이 다시 입을 열었어요.

"이제 우린 모두 한 몸이나 다름없소. 우리 모두 한마음 한뜻으로 뭉쳐 우리 땅을 빼앗으러 온 저 도적들을 물리칩시다!"

장군의 말에 군사들은 창을 높이 쳐들고 목이 터져라 큰 소리로 외쳤어요.

"우리는 모두 형제요. 함께 살고 함께 죽읍시다!"

드디어 싸움이 시작되었어요. 적들은 총과 대포를 마구 쏘아댔어요. 하지만 우리 군사에게는 칼과 활밖에 없었지요.

많은 사람이 쓰러지기 시작했어요. 그러나 굳은 맹세를 한 군사들은 물러서지 않았어요.

"북을 울려라. 더 크게, 더 크게 북을 울려라!"

장군도 목이 터져라 소리치며 군사들의 기운을 북돋았어요.

그러나 성문은 무너지고 말았어요. 성 안은 금세 조선 군인들의 피로 얼룩졌지요. 그래도 조금이라도 싸울 힘이 남은 사람들은 숨

이 끊어질 때까지 싸웠어요. 아무도 도망치지 않았지요. 하지만 성은 순식간에 적의 손에 넘어가 버리고 말았어요.

그러자 살아남은 몇 사람이 스스로 물속에 몸을 던졌어요. 그것을 본 적들은 놀라서 눈이 동그래졌지요. 살려 달라고 매달리기는커녕 왜 스스로 목숨을 끊는지 알 수가 없었어요.

그때였어요. 쓰러져 있던 조선 군사 하나가 적군의 총부리를 덥석 잡았어요. 그는 옆에서 잡아 줘도 일어나 앉을 수 없을 만큼 심하게 다친 사람이었어요. 총을 잡힌 적군은 깜짝 놀라 그를 내려다보았어요.

해물밥

오곡밥

콩나물밥

총부리를 자신의 가슴에 가져다 댄 조선 군사는 눈을 부릅뜨고 말했어요.
"이놈들아, 어서 쏴라. 어서 쏴!"
적군이 그 말을 알아들을 턱이 없었지요. 그러자 조선 군사는 총부리로 제 가슴을 꾹꾹 누르며 울부짖었어요.
"아, 한솥밥을 나눠 먹으며 죽음을 함께 맞자던 동지들이 다 죽었는데, 어찌 나만 산단 말인가? 제발 죽여다오."
왜 살 수 있는 조선 군사가 자기를 죽여 달라고 했을까요? 그것은 싸움에 나가기 전에 한솥밥을 먹었기 때문이에요.
우리 겨레는 예부터 '한솥밥을 먹는다'는 표현을 많이 썼어요. 이는 기쁨과 슬픔은 물론 삶과 죽음까지도 함께 한다는 것을 뜻하지요.
우리 겨레가 이렇게 한솥밥을 먹으며 함께 살고 함께 죽기를 맹세한 것은 밥이 곧 생명이라고 생각했기 때문이에요. 그 맹세를 나눈 사람들이 죽었는데 자기 혼자만 살 수 없었던 것이지요.

이처럼 생명같이 중요하게 생각한 밥은 주로 쌀로 지어요. 쌀에 보리, 콩, 조, 수수 같은 곡식을 섞어짓기도 하지요. 또 밤이나 대추 같은 것을 넣어 약밥을 짓기도 해요. 그뿐만 아니라 쌀에 콩나물 같은 나물이나, 전복 같은 해산물을 넣을 때도 있고, 정월 대보름엔 오곡밥을 지어 먹었어요.

하지만 뭐니 뭐니 해도 밥의 주재료는 쌀이에요. 그런데 옛날엔 지금처럼 쌀밥이 흔하지 않았어요. 많은 사람이 쌀밥에 고깃국을 실컷 먹어보는 것이 소원일 정도로 쌀이 귀했지요.

이렇게 쌀이 귀했던 것은 사람 수보다 농사지을 땅이 적었기 때문이에요.

보리밥

약밥

쌀밥

그래서 농부들은 한 톨의 쌀이라도 더 얻으려고 많은 정성을 기울였어요. '쌀 한 톨에 여든여덟 번이나 농부의 손길이 간다'는 말에서 농부들의 정성을 짐작할 수 있을 거예요.

이처럼 정성을 들인 귀한 쌀을 우리 겨레는 신처럼 섬기기도 했어요. 가을에 거둬들인 햅쌀을 성주 단지에 담아 집 안에 두는 풍속만 봐도 알 수 있지요. '성주'란 집을 지키는 으뜸신이에요. 이 으뜸신을 모시는 단지에 쌀을 넣고 절을 하며 복을 빌었지요.

하지만 복을 주는 쌀에 너무 욕심을 내면 벌을 받는다

고도 믿었어요. 이 이야기를 한번 들어 보세요.

 옛날 어떤 절에 하루 동안 먹을 만큼만 쌀이 나오는 신기한 바위가 있었어요. 그래서 그 절에 사는 스님들은 별걱정 없이 살 수 있었지요.

 그러던 어느 날, 욕심 많은 한 스님이 이 절로 들어왔어요. 다른 스님들에게 쌀 나오는 바위에 대한 이야기를 들은 욕심 많은 스님은 이렇게 말했어요.

 "바위 밑에 쌀이 무지무지하게 많을 거야. 그걸 한꺼번에 가져다 팔면 더 좋지 않겠어?"

 욕심 많은 스님의 말에 다른 스님들은 모두 고개를 저었어요.

"안 될 말이야. 사람이 욕심을 너무 부리면 들어왔던 복도 나간다고."
"쯧쯧쯧. 부처님께서 노하실거야. 나무아미타불 관세음보살."

그러자 욕심 많은 스님은 입을 꾹 다물었어요.

'어차피 이런 답답한 사람들과는 말이 안 통하니, 나 혼자서 몰래 바위 밑을 파야겠다. 쌀이 나오면 내가 다 가져야지.'

이렇게 생각한 스님은 이튿날 쌀 나오는 바위를 찾아 나섰어요. 그리고 기다란 꼬챙이로 쌀이 나오는 구멍을 마구 쑤셔 댔어요. 한 시간, 두 시간……. 스님은 땀을 뻘뻘 흘리며 구멍을 쑤셨어요. 하지만 아무리 쑤셔도 쌀은 한 톨도 나오지 않았어요.

'이상하다. 왜 쌀이 안 나오지?'

하루해가 다 저물어도, 그 다음 날 다시 해가 떠도 쌀은 나오지 않았어요. 대신 물만 나왔지요.

그 후로 이 구멍에서는 쌀은 나오지 않고 물만 나오게 되었대요. 그제야 잘못을 깨달은 욕심 많은 스님은 땅을 치며 울었지만 소용

없는 일이었지요.

　이 이야기처럼 지나치게 욕심을 부리면 오히려 있던 복도 날아가는 법이에요. 그러니 밥도 쌀도 그리고 복도 여럿이 함께 나누어야 함을 잊지 말아야겠지요?

백두 낭자·한라 도령과 함께 떠나는 한식 여행

궁중 요리의 천국 서울 음식

서울은 조선 시대부터 우리나라 수도였어요. 그래서 궁중 요리 같은 고급 음식이 발달했지요. 그리고 전국에서 생산된 음식 재료가 서울에 모이기 때문에 이것들을 활용한 다양한 음식이 발달했어요. 그럼 화려하고 다채로운 서울 음식의 세계로 떠나 볼까요?

서울의 유명한 음식으로는 임금님이 먹던 궁중 요리를 들 수 있어요. 이 책의 네 번째 이야기에서 소개되었던 탕평채와 신선로는 대표적인 궁중 요리이지요. 또 쇠고기를 얇게 저며서 양념에 재었다가 불에 구워 먹는 너비아니도 서울 음식이에요. 이런 고급 음식은 서울에 살던 돈 많고 벼슬이 높은 양반들이나 먹을 수 있었지요.

개성 음식처럼 서울 음식도 화려하구나!

서울의 폐백 음식도 유명해요. 서울에서는 이 폐백 음식에 육포를 썼지요.

육포란 쇠고기를 얇게 포 떠서 양념을 한 뒤 말린 고기를 말해요. 이것에 대추를 잘라 모양을 내기도 하고 잣을 심기도 했어요. 먹을 땐 참기름을 바른 뒤 구워 먹었지요.

육포를 만들려면 손이 이만저만 많이 가는 게 아니었어요. 하지만 부자 양반들에게 이쯤이야 아무것도 아니었지요.

폐백음식이란 신부가 신랑의 부모님께 처음 인사를 하며 드리는 음식이에요.

하지만 서울 음식이라고 임금님과 양반들을 위한 것만 있는 것은 아니에요. 우리가 잘 아는 **설렁탕**은 선농단이 있던 자리인 서울 동대문구에서 처음 만들어 먹기 시작한 음식이에요. 설렁탕은 선농신과 임금님, 그리고 백성들이 다 같이 먹었던 음식이었지요.

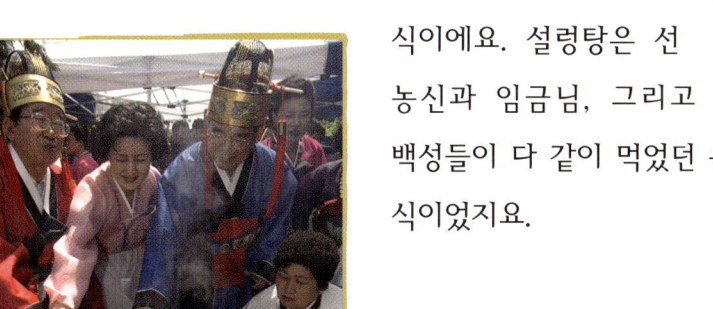

설렁탕이나 곰국 같은 뜨거운 음식은 뚝배기에 담아 먹어요. 흙으로 만든 뚝배기가 음식이 식지 않게 열을 지켜주기 때문이지요.

교과가 튼튼해지는
우리 것 우리 얘기

부록

맛과 멋이 살아 있는 우리 음식 이야기, 잘 읽어 보셨나요?

우리 음식에는 우리나라의 역사와 문화, 그리고 조상들의 생활 모습이 담겨 있어요. 또한 음식을 만들고, 보관하고, 먹고, 즐기는 모습 속에 놀라운 과학 원리와 생활의 지혜도 숨어 있지요.

여기 봄, 여름, 가을, 겨울 계절에 따라 맛있게 먹을 수 있는 우리 음식들을 준비했어요. 보기만 해도 군침이 도는 음식 사진과 함께 그 속에 숨어 있는 우리 음식 이야기도 함께 읽어 보세요.

사계절 우리 음식 이야기

봄날의 우리 음식

진달래 화전

봄철에는 진달래꽃을 따다 화전을 만들어 먹었어요. 특히 **삼짇날**이 되면 부녀자들은 산과 들로 화전놀이를 가서 화전을 먹으며 즐겁게 놀았답니다.

● 삼짇날은 음력 3월 3일이에요. 이날은 강남 갔던 제비가 돌아오는 날이라고 해서, 봄의 시작을 알리는 날이지요.

수리취떡

음력 5월 5일 **단오**에 먹는 음식으로, '수리취'라는 산나물로 만들어요. 떡의 무늬가 수레바퀴 모양이라서 '차륜병'이라고도 하지요.

● 단옷날에는 수리취떡 말고도 앵두화채나 준치만두를 만들어 먹었어요.

쑥떡

우리나라에서는 예부터 봄철이면 산과 들에 쑥이 많이 났어요. 어린 쑥을 캐다가 절구로 찧어 부드럽게 만든 후, 찹쌀가루에 섞어 **시루**에 안치고 푹 찌면 향긋한 쑥떡이 된답니다.

● 시루는 떡이나 쌀을 찌는 둥근 그릇이에요. 바닥에는 구멍이 여러 개 뚫려 있고, 주로 흙으로 만들어요.

나박김치

무를 얇고 네모지게 썰어서 담근 김치예요. 짜거나 맵지 않고, 과일을 넣어 먹을 수도 있어 김치를 싫어하는 어린이도 맛있게 먹을 수 있어요.

사계절 우리 음식 이야기

여름날의 우리 음식

삼계탕

날씨가 더우면 지치기 쉬워요. 그래서 우리 조상들은 여름철이 되면 삼계탕을 먹어 허약해진 몸을 튼튼하게 했어요. 특히 삼계탕에는 **인삼**, 찹쌀, 마늘, 대추 등이 들어 있어서 영양이 아주 풍부하답니다.

● '고려인삼'으로도 잘 알려진 우리나라 인삼은 세계적으로도 그 효과를 인정받고 있어요.

수박화채

화채는 꿀이나 설탕을 탄 물에 과일이나 꽃잎을 넣어 만들어요. 수박은 수분이 많아서 땀을 많이 흘리는 여름철에 딱 맞는 음식이지요. 아무리 더운 여름이라도 **얼음**을 동동 띄운 시원한 수박화채 한 그릇이면 가슴 속까지 시원해져요.

● 옛사람들은 얼음을 어떻게 보관했을까요? 정답은 바로 '석빙고'예요. 석빙고는 겨울에 캔 얼음을 일 년 내내 보관하던 창고인데, 오늘날의 냉장고와 같은 역할을 했어요.

짠지

짠지는 무나 오이 등을 **소금**에 절여서 묵혀 두고 먹는 김치를 말해요. 여름철 입맛이 없을 때 짠지를 먹으면 한결 식욕을 돋우어 줘요.

● 소금은 천연 방부제 역할을 해요. 그래서 소금을 넣어 담근 김치나 된장, 그리고 짠지는 이듬해 여름까지도 상하지 않고 오래 먹을 수 있답니다.

사계절 우리 음식 이야기

가을날의 우리 음식

햅쌀밥

햅쌀은 그 해에 새로 난 **쌀**이에요. 햅쌀은 묵은 쌀보다 신선해서 **밥**을 지으면 더 쫀득하고 구수해요.

● 쌀 중에서는 임금님도 드셨다는 경기도 이천의 쌀이 유명해요. 이천은 날씨가 벼농사를 하기에 좋아요. 또 땅이 기름지고 물에는 무기질이 많이 녹아 있지요. 날씨, 땅, 물의 3가지 요소가 딱 맞아 맛있는 쌀이 생산되는 거예요.

● 우리 조상들은 가마솥에 밥을 지었어요. 가마솥은 열이 고르게 전달되어 쌀이 맛있게 익을 수 있어요. 또 뚜껑이 무거워서 수증기와 영양소가 밖으로 새지 않지요. 오늘날 이 가마솥의 원리를 이용해 전기밥솥이 만들어 졌답니다.

송편

송편은 반달 모양으로 빚은 떡인데, 추석 때 많이 먹어요. 송편 속에는 깨, 팥, 콩, 녹두, 밤 등을 넣지요. 옛사람들은 송편을 예쁘게 빚으면 예쁜 딸을 낳는다고 하여, 정성을 다해 송편을 빚었다고 해요.

김장김치

늦가을에는 김장을 해요. 김치에는 통배추김치, 깍두기, 동치미 등 여러 종류가 있는데, 가을 김장에서는 주로 통배추김치를 담가 **김장독**에 넣어 보관했지요.

● 우리 민족은 예부터 옹기로 만든 김장독을 사용했어요. 옹기는 흙으로 만들어서 공기가 잘 통하고 습기를 조절할 수 있어요. 그래서 김치를 신선하게 오래 보관할 수 있지요.

사계절 우리 음식 이야기

겨울날의 우리 음식

팥죽

예부터 동짓날에는 팥죽을 끓여 먹어요. 팥죽에 든 새알심을 나이 수만큼 먹는 재미있는 풍습도 있지요. 또 옛사람들은 귀신이 붉은색을 싫어한다고 믿었어요. 그래서 붉은 팥죽을 문에 발라 나쁜 귀신을 막고 집안의 평안함을 빌었다고 해요.

떡국

설날 아침이면 너도나도 떡국을 먹어요. 묵은해가 가고 세상 만물이 새롭게 다시 살아나는 날이라는 의미에서 하얀 떡국을 끓여 먹게 되었대요.

● 설날은 음력 1월 1일이에요. 우리 민족 최대의 명절로, 이날은 떡국 말고도 만두, 약식, 인절미, 갈비찜, 편육, 빈대떡, 전유어, 나물류, 수정과, 식혜 등 전통 음식을 푸짐하게 먹을 수 있지요.

오곡밥

오곡밥은 **정월 대보름**에 먹는 대표적인 음식이에요. 찹쌀, 차조, 붉은팥, 찰옥수수, 검은콩 이렇게 다섯 가지 곡식을 섞어 지어요. 오곡밥은 흰밥보다 영양가가 높아 한 그릇만 먹어도 배가 부르답니다.

● 정월 대보름은 음력 1월 15일인데, 일 년 중 가장 큰 보름달이 뜨는 날이래요. 정월 대보름날에는 1년 내내 부스럼이 없기를 바라는 마음에서 잣, 호두, 밤, 땅콩 같은 부럼을 깨물어 먹어요.

〈오십 빛깔 우리 것 우리 얘기〉 시리즈
권별 교과 연계표

국 국어　**사** 사회　**과** 과학　**도** 도덕　**음** 음악　**미** 미술
체 체육　**실** 실과　**바** 바른 생활　**슬** 슬기로운 생활　**즐** 즐거운 생활

- 신 나는 열두 달 명절 이야기　　국 3-2　사 3-1　사 3-2　사 4-1
- 관혼상제 재미있는 옛날 풍습　　국 1-2　국 4-1　사 3-2　사 5-2
- 조상들은 어떤 도구를 썼을까　　국 2-2　사 3-1　사 5-1　사 5-2
- 옛날엔 이런 직업이 있었대요　　국 5-1　국 6-2　사 3-1　사 4-2
- 꼭 가 보고 싶은 역사 유적지　　국 4-1　국 4-2　사 6-1　사 6-2
- 신토불이 우리 음식　　국 3-1　사 3-1　사 5-1　사 6-2
- 어깨동무 즐거운 우리 놀이　　국 4-1　사 5-2　체 4　즐 2-2
- 나라를 다스린 법 백성을 위한 제도　　사 3-2　사 4-1　사 6-1　사 6-2
- 하늘을 감동시킨 효자 이야기　　도 3-1　도 5　바 1-1　바 2-2
- 오천 년 지혜 담긴 건물 이야기　　국 4-1　국 4-2　사 5-1　사 5-2
- 세계가 놀란 발명 이야기　　국 3-1　국 5-2　사 3-1　사 5-2
- 빛나는 보물 우리 사찰　　국 4-1　사 6-2　바 2-2
- 나라의 자랑 국보 이야기　　국 4-1　국 5-2　사 5-1　바 2-2
- 나라를 지킨 호랑이 장군들　　국 4-2　국 6-1　사 6-1　바 2-2
- 오천 년 우리 도읍지　　국 4-1　사 5-2　사 6-1
- 하늘이 내린 시조 임금님들　　사 5-1　바 2-2
- 옛날 관청과 공공시설　　사 3-1　사 3-2　사 6-1　사 6-2
- 옛사람들의 우정 이야기　　국 4-1　국 6-2　도 3-1　바 1-1
- 얼쑤 흥겨운 가락 신 나는 춤　　국 6-1　국 6-2　사 3-1　음 3
- 아름다운 독도와 우리 섬　　국 2-1　국 4-1　국 5-2　사 4-1
- 오천 년 우리 강 이야기　　사 3-2　사 5-1

- 생명의 보물 창고 우리 생태지 　　국 2-1　국 4-2　사 6-1　과 5-2
- 우리가 지켜야 할 천연기념물 　　국 2-1　과 3-2　과 4-1　과 5-2
- 놀라운 발견 생활의 지혜 　　국 2-1　국 2-2　사 3-1　사 5-1
- 옛사람들의 교통과 통신 　　사 3-2　사 4-1　사 5-2
- 민족의 영웅 독립운동가 　　국 6-2　사 6-1　바 2-2
- 교과서 속 우리 고전 　　국 3-1　국 4-2　국 5-1　국 6-2
- 우리 국토 수놓은 식물 이야기 　　국 1-1　국 5-1　과 4-2　바 1-2
- 우리 조상들의 신앙생활 　　국 5-2　사 3-2　사 5-2　사 6-1
- 안녕 꾸러기 친구 도깨비야 　　국 2-2　국 3-1　국 4-1　사 3-2
- 빛나는 솜씨 뛰어난 재주꾼들 　　국 4-2　사 6-1　음 4　미 3, 4
- 아름다운 궁궐 이야기 　　국 4-1　사 6-1　미 5　바 2-2
- 전설 따라 팔도 명산 　　국 2-1　국 2-2　사 5-1　음 6
- 방방곡곡 우리 특산물 　　사 3-1　사 4-1　사 5-2
- 수수께끼를 간직한 자연과 문화 　　국 4-1　사 5-2　바 2-2
- 알쏭달쏭 열두 띠 이야기 　　국 3-1　사 3-2　사 5-2　사 6-1
- 천하제일 자린고비 이야기 　　국 6-2　사 4-2　도 5　실 5
- 본받아야 할 우리 예절 　　국 3-2　도 4-1　도 5　바 2-1
- 이야기가 술술 우리 신화 　　국 1-2　국 6-2　사 3-2　사 5-2
- 머리에 쏙쏙 선조들의 공부법 　　국 4-1　국 4-2　국 6-2　도 3-1
- 역사를 빛낸 여자의 힘 　　사 6-1　바 2-2
- 신명 나는 우리 축제 　　사 3-1　사 4-1
- 우리가 알아야 할 북한 문화재 　　국 4-2　사 5-1　바 2-2
- 조상들의 지혜 전통 의학 　　사 5-1　국 6-2　과 5-2
- 큰 부자들의 경제 이야기 　　사 3-2　사 4-2　사 5-2　슬 2-2
- 멋스러운 옛시조 흥겨운 우리 노래 　　국 3-1　국 4-1　국 5-1　국 6-1
- 봄 여름 가을 겨울 24절기 　　사 5-1　사 6-1　과 6-2　슬 6-2
- 멋스러운 우리 옛 그림 　　국 4-2　사 6-1　미 3, 4　미 5
- 나누는 즐거움 우리 공동체 　　국 1-2　사 3-1　사 5-2　체 4
- 정다운 우리나라 동물 이야기 　　국 2-1　국 3-1　국 4-1　과 3-2

오십 빛깔 우리 것 우리 얘기 6
신토불이 우리 음식

초판 1쇄 발행 | 2010년 11월 15일
초판 7쇄 발행 | 2019년 1월 30일

글쓴이 | 우리누리
그린이 | 최서영

발행인 | 이상언
제작총괄 | 이정아

디자인 | 레드스튜디오

발행처 | 중앙일보플러스(주)
주소 | (04517) 서울시 중구 통일로 92 KG타워 4층
등록 | 2008년 1월 25일 제2014-000178호
판매 | 1588-0950
홈페이지 | www.joongangbooks.co.kr
페이스북 | www.facebook.com/hellojbooks

ⓒ 우리누리 2010

ISBN 978-89-278-0098-9 14800
     978-89-278-0092-7 14800(세트)

- 이 책은 저작권법에 따라 보호받는 저작물이므로 무단 전재와 무단 복제를 금하며 책 내용의 전부 또는 일부를 이용하려면 반드시 저작권자와 중앙일보플러스(주)의 서면 동의를 받아야 합니다.
- 책값은 뒤표지에 있습니다.
- 잘못된 책은 구입처에서 바꿔 드립니다.

주니어중앙은 중앙일보플러스(주)의 어린이 책 브랜드입니다.